Friedrich Rode

Geschichte der Reaktion Kaiser Julians gegen die christliche

Kirche

Friedrich Rode

Geschichte der Reaktion Kaiser Julians gegen die christliche Kirche

ISBN/EAN: 9783743663206

Hergestellt in Europa, USA, Kanada, Australien, Japan

Cover: Foto ©ninafisch / pixelio.de

Weitere Bücher finden Sie auf **www.hansebooks.com**

Geschichte der Reaction Kaiser Julians

gegen

die christliche Kirche.

Von

Friedrich Rode, Dr. phil.

JENA,

HERMANN DABIS.

(Otto Deistung's Buchhandlung.)

1877.

Inhalt.

Verlag von Ambr. Abel.

Leipzig,

Vorbemerkung.

Die Anregung zur vorliegenden Abhandlung, einer jenenser Dissertation für die Promotion in praesentia, verdankt der Verfasser dem ordentlichen Professor für alte Geschichte an der Hochschule Zürich, Herrn Dr. J. J. Müller, dessen Seminar er im Winter 1875/76 eine Anzahl von Referaten über die Jugendgeschichte Julians und sein Auftreten gegen die Kirche während seiner Regierung vorgetragen hat. Schon damals wurde dem Verfasser mehr und mehr klar, dass die vielfach literarisch behandelte Reaction Julians mit ihrer Vorgeschichte noch immer dem Forscher manche bisher ungelöste Aufgabe stelle. Die Begründung dieser Behauptung möge der Leser im ersten Abschnitt nachfolgender Einleitung suchen. Ebenso ergiebt sich die Anordnung des Stoffs aus der Darstellung selbst. Die Letztere enthält allein die Resultate der Quellenuntersuchung; die Begründung dieser Resultate sowie nöthige Excurse und Nebenbemerkungen sind in der Form von Anmerkungen dem Texte hinzugefügt worden. Wo eine nähere Erörterung der Quellenangaben unnöthig erschien, hat der Verfasser, um den

Umfang dieser Monographie möglichst zu beschränken, sich eine Anführung des Wortlauts der Quellen ersparen und sich auf den Nachweis der betreffenden Stellen beschränken zu dürfen geglaubt. Streng an die Quellen wollte sich der Autor vor allen Dingen halten, und mit dem Wunsche, dass dies Bestreben in der vorliegenden Schrift sich nirgends verleugne, entlässt er dieselbe zu der langen Reihe der bereits vorhandenen Schriften über Julian.

Jena, im April 1877.

Der Verfasser.

Geschichte der Reaction Kaiser Julians gegen die christliche Kirche.

Einleitung.

A. Die bisherige Forschung über Julians Reaction.

Kaum eine andre Persönlichkeit aus der grossen Reihe der römischen Kaiser hat das Augenmerk der modernen Gelehrten in demselben Masse auf sich gezogen, wie der letzte Spross des constantinischen Herrscherhauses, Flavius Claudius Julianus. Nicht einer langen und glücklichen Regierung verdankt der Letztere die Aufmerksamkeit später Jahrhunderte. sondern seinem fruchtlosen Versuch, den durch Constantin und Constantius erfochtenen Sieg des Christenthums im römischen Reich wieder zu nichte zu machen. Julians Reaction gegen die Kirche ist so häufig und zwar von allen möglichen günstigen und ungünstigen Standpunkten aus dargestellt worden, dass eine nochmalige Behandlung dieses Gegenstandes, welche nur auf längst bekannte Quellen zurückgehen kann, einer besondern Rechtfertigung bedarf. Es gilt daher nachzuweisen, was der Forschung über Julians Stellung zur Kirche nach den bis jetzt vorhandenen Arbeiten noch zu thun übrig bleibt. [1]

---

[1] In der Biographie Julians von J. F. Alphons Mücke (Flavius Claudius Julianus. Nach den Quellen. 1. Abth. Gotha 1867, 2. Abth. ib. 1869) findet sich ein annähernd vollständiges Verzeichniss der vorhandenen Julianusliteratur; nachzutragen sind jenem Verzeichniss:
Gottfried Arnold, Unpartheiische Kirchen- und Ketzerhistorie, 1700, Bd. 1, S. 128 ff.

1

Hatte man in frühern Zeiten, anschliessend an die kirchliche Ueberlieferung über Julian, Letztern als gefährlichen
Verfolger der Christenheit hingestellt, so begann um 1700 mit
Gottfried Arnolds Kirchen- und Ketzerhistorie eine neue Beur-
theilung der Reaction Julians sich Bahn zu brechen. Arnold,
der fromme Pietist, „welcher in demjenigen, was die Kirche
aller Jahrhunderte von sich gestossen hatte, die Spuren des
christlichen Lebens mit Vorliebe aufsuchte" [2]), behandelte auch
den vielgeschmähten kaiserlichen Apostaten mit deutlichem
Wohlwollen. Er kam zu dem Resultat, „dass die Zeit der
Christen unter Juliano nicht sowohl zu den Verfolgungen, als
zu einiger Unterdrückung zu rechnen sei". [3]) Nach der Historie
Arnolds sind die nächsten wichtigen Darstellungen der julianischen Reaction ausgegangen von dem Franzosen Tillemont
und dem deutschen Theologen Schröckh. Ihr Werth beruht auf
der Zusammentragung aller in Betracht kommenden Quellen,
ihre Schwäche ist der Mangel an Sichtung und Bearbeitung
der Citate. Bemerkenswerth ist, dass Schröckh nach Einsicht
aller Quellen als das Schlimmste, was die Geschichte von
Julian sagen könne, die Thatsache bezeichnet, dass ihn Güte,
Gerechtigkeit und andre seiner wirklichen Tugenden verliessen,
wenn er sie gegen seine christlichen Unterthanen am noth-
wendigsten brauchte. [4])

Tillemont, Mémoires pour servir à l'histoire eccl. des 6 prem. siècles,
Paris 1693. ss.
— Histoire des Empereurs Romains, Tome 6.
Wiggers, Julian der Abtrünnige, Zeitschr. für hist. Theol. 1837.
Teuffel, Zur Geschichte des Kaisers Julian. Schmidts Zeitschr. für
Geschichtswissensch. 1845. Jnhalt: 1) Chronologie der Jugend-
geschichte Julians. 2) Ueber die Echtheit einiger Briefe
Julians.
Julian der Abtrünnige, Zeitschr. für wiss. Theologie 1861.
E. Zeidler, Julian, 1869.
Adrien Naville, Julien L'Apostat et sa Philosophie du Polythéisme, 1876.
In unserer Betrachtung der vorhandenen Literatur haben wir unser
Augenmerk nur auf die hervorragendsten ihrer Erzeugnisse gerichtet und
unter den letzteren namentlich wieder auf diejenigen, welche weniger
ein Charakterbild des Kaisers als eine Schilderung seiner Reactionsthaten
geben wollen.
[2]) Hase, Kirchengeschichte, 9. Aufl., S. 9.
[3]) Arnold, Band 1, Buch 4, Cap. 2. S. 132.
[4]) Schröckh, Christliche Kirchengeschichte, Theil 6, S. 405.

Dies Urtheil über Julians Verhalten gegen die Christen erscheint noch zu hart, wenn man Neanders Buch über den Kaiser und sein Zeitalter als Massstab annimmt. Hier finden wir die Schilderung der Thatsachen der Reaction auf einen verhältnissmässig sehr kleinen Raum zusammengedrängt. Von den 172 Seiten der Schrift fallen nicht weniger als 144 auf eine allgemeine Einleitung, auf die Schilderung der Jugend Julians und auf die Charakterisirung seiner philosophischen und religiösen Anschauungen; erst auf Seite 145 wendet sich Neander zur Untersuchung des Sachverhalts der „Christenverfolgung" des Kaisers. Bis dahin nun hat er an seinem Helden so viel Lobenswerthes gefunden, dass die Unparteilichkeit den geschichtlichen Thatsachen gegenüber oft etwas getrübt erscheint. Ausgesprochenermassen [5]) wollte Neander Julians Handlungen nicht einzeln für sich betrachten, sondern wie sie aus seiner religiösen Denkart hervorgingen, und sie mussten daher so dargestellt werden, dass sie mit der tiefen Religiosität des Neander'schen Julian, welche aus seinen Werken nachgewiesen wurde, in Einklang stehen. Julians Uebertritt zum Hellenismus erklärlich gemacht, seine religiösen Gefühle und philosophischen Anschauungen gewürdigt zu haben, das ist Neanders bleibendes Verdienst, aber die historische Forschung über die Reaction ist durch ihn nicht zum Abschluss gebracht worden.

Weit näher kam in letzterer Hinsicht dem Ziele G. F. Wiggers, der zweimal, in einer lateinischen Dissertation und später in einer deutschen Abhandlung, auf chronologische Ordnung der verschiedenen Massregeln Julians gegen die Christen ausging. Sein Resultat war die Unterscheidung zweier Perioden unter Julians Regierung, einer Zeit der Verfolgung des Christenthums und einer Zeit der Verfolgung der Christen. Der ersten Vertretung dieser Ansicht gegenüber urtheilte Ullmann in seiner Biographie des Gregor von Nazianz, es lasse sich diese Behauptung, da Julian so kurze Zeit regiert habe, schwerlich mit historischer Genauigkeit nachweisen. [6]) Diesen genauen Nachweis ist Wiggers auch in seiner zweiten Schrift

---

[5]) Kayser Julian und sein Zeitalter, 1812, S. 103.
[6]) Gregor von Nazianz, 1825, S. 81, Anmerkung.

schuldig geblieben: er hat das reichlich vorhandene Material nicht ausgenützt. Es genügt nicht, aus Julians erster Regierungsperiode allein sein eifriges Heidenthum, die Restitution der heidnischen Tempel, die Rationalisirung der hellenischen Götter-Lehre und die Nährung der Streitigkeiten unter den Christen hervorzuheben, aus der zweiten Periode nur das Verbot der Unterweisung in den Classikern durch die Christen, die Ausschliessung der Letztern von Staatsämtern, die Nachsicht gegen ihre Bedrücker und die Erwartung der Bedrängten, dass eine verschärfte Verfolgung nach Julians Perserkrieg eintreten werde. Allerdings lassen schon diese Momente die Behauptung, es habe ein Wechsel im Verfahren des Kaisers stattgefunden, als möglicherweise begründet erscheinen, zumal wenn man Wiggers' Erklärung dieses Umschwunges hört, den er einmal aus Julians Wunsch ableitete, sich die Götter für den bevorstehenden Perserkrieg möglichst geneigt zu machen, und dann aus seiner durch das Betragen der Christen, namentlich der Antiochener, hervorgerufenen Gereiztheit. Aber ein abschliessendes Urtheil wird man über Wiggers' Behauptung erst dann fällen können, wenn man alle für historisch zu haltenden Massregeln des Kaisers chronologisch festgestellt hat, was Wiggers nicht einmal bei sämmtlichen der von ihm angeführten Beispiele richtig thut. Vom Ausfall dieses Schlussurtheils jedoch ganz abgesehen, hat Wiggers' Schrift einen besondern Werth, da wir ihren Verfasser auf dem Wege finden, an die Stelle der bis dahin entstandenen Charakteristiken der Reaction Julians eine wirkliche Geschichte ihrer Entwicklung zu setzen.

Ein ganz anderes Gepräge zeigt der Vortrag, den David Friedrich Strauss über den Kaiser einst gehalten und später veröffentlicht hat. [7]) Derselbe geht nicht darauf aus, die bei den Zuhörern als bekannt vorausgesetzten einzelnen Umstände des Lebens und der Regierung Julians näher darzustellen; des Kaisers Vorgehen gegen die Christen soll dem geistvollen Schriftsteller nur einzelne Farben liefern für das genial und nicht ohne Motiv aus dem neunzehnten Jahrhundert entworfene Bild des „Romantikers auf dem Throne der Cäsaren".

---

[7]) Der Romantiker auf dem Throne der Cäsaren oder Julian der Abtrünnige, 1847.

Die nächste Biographie Julians hat ein Oestreicher, Auer, vom Standpunkte des einseitigsten Katholicismus aus geschrieben. [8]) Dies umfangreiche Buch ist so voll von grundlosen Invectiven gegen den Kaiser und derart von blindem Eifer eingegeben, als handle es sich um Bekämpfung eines anticlericalen Monarchen unserer Tage, dessen Einfluss zu untergraben wäre, nicht aber um die ruhige Feststellung von Thatsachen, die durch fünfzehn Jahrhunderte von uns getrennt sind. Leitete Auer die Apostasie Julians aus seiner angeblichen Charakterschlechtigkeit ab, so beantwortete einige Jahre später in der Zeitschrift für wissenschaftliche Theologie ein Ungenannter die Frage, in wie weit Julians Rücktritt zum Heidenthum zu vertheidigen sei, dahin, es habe nicht anders kommen können, als es gekommen sei, und der Grund dazu liege der Hauptsache nach nicht in Julian, sondern in einer falschen Erziehung, in der Art seiner Ausbildung, in der Weise, wie sich ihm das Christenthum darstellte.

In Heinrich Richters Geschichte des weströmischen Reiches ist auch der Reaction Julians eine Schilderung gewidmet. Das Verfahren desselben wird nicht in verschiedene chronologisch gesonderte Particeen zerlegt, doch gesteht Richter zu, dass Julian in seinem Innern immer unruhiger, erbitterter und hitziger wurde, als er sah, dass es nach seiner bisherigen Art nicht mehr vorwärts ging und er nicht mehr zurück konnte. Eine genaue Betrachtung der einzelnen Massnahmen des Kaisers konnte im Rahmen des Richter'schen Werkes nicht geboten werden, aber das Urtheil über Julian ist massvoll und gerecht nach beiden Seiten hin, die ganze Darstellung ist anschaulich und lebendig. Wenn man Richters Arbeit verlässt, so begreift man kaum, wie der nächste Historiker, welcher sich mit Julian beschäftigt hat, J. F. Alphons Mücke, im Vorwort zur ersten Abtheilung seines Werkes behaupten kann, die Herrscherthaten des Kaisers seien zwar oft, aber leider stets in höchst einseitiger Weise dargestellt worden.

Die Mücke'sche Biographie ist das umfassendste Werk ihrer Art. Julian wird uns dargestellt in seinen Kriegsthaten, in seinem Leben und in seinen Schriften, während eine sehr

---

8) Kaiser Julian der Abtrünnige, 1855.

ausführliche, oft in Auszüge übergehende Charakteristik aller in Betracht kommenden Quellen dem Haupttheile sich anreiht. Zu diesem Anhang werden wir im Folgenden verschiedentlich Stellung zu nehmen haben; die Mücke'schen Darstellungen der Kriegsthaten und der literarischen Thätigkeit Julians fallen ausser den Bereich unserer Untersuchung; unsere Aufmerksamkeit nehmen hier nur die unter dem Titel „Julians Leben" zusammengefassten Abschnitte in Anspruch. Die Jugendgeschichte Julians, dem Forscher über die Reaction wichtig als Vorgeschichte dieser Ereignisse, ist von Mücke meiner Ansicht nach in mehreren Punkten unrichtig dargestellt worden. Im Einzelnen werden wir diese Punkte am betreffenden Orte unserer Darstellung zur Sprache bringen. Ferner ist hinsichtlich der Schilderung der Reaction Julians bei Mücke hervorzuheben, dass auch dieser Autor an eine chronologische Ordnung der von ihm berichteten Thatsachen gar nicht zu denken scheint.[9] Und doch hätte ihm nichts näher gelegen, da er sonst die Zeit der Alleinherrschaft Julians in einen Aufenthalt in Constantinopel, eine Reise nach Antiochien, einen Aufenthalt in dieser Stadt, endlich in die Zeit des Perserzugs zerlegt. Nun aber behandelt ein Einzelabschnitt in bunter Reihenfolge die Massregeln des Kaisers gegen das Christenthum, und um 'das Bild der Reaction vollends zu verwischen, umfasst dieser Abschnitt nicht Alles, was Mücke über Julians Verhältniss zur Kirche beizubringen weiss; von Julians Stellung zu den antiochenischen Christen wird hier vergebens eine Schilderung gesucht, ganz zu schweigen von verschiedenen Massregeln, die wir erst in spätern Abschnitten sehr beiläufig kennen lernen.[10] Hätte Mücke die einzelnen Thatsachen der julianischen Reaction an den durch die Chronologie gebotenen Stellen seiner Geschichte der Alleinherrschaft des Flavius Claudius Julianus eingefügt, so hätte er vielleicht auch einem etwas weniger einseitigen Urtheil über Julians Verhalten zu Christenthum und Hellenismus Raum gegeben und seine Behauptung, dass von einer Verfolgung des Christenthums durch Julian sich

[9] Wahrscheinlich hat Mücke die Abhandlung von Wiggers aus dem Jahre 1837 nicht eingesehen, vergl. Anm. 1.
[10] Vergl. Mücke Abth. 2, Seite 107, 110 ff.

so wenig eine Spur finde, wie davon, „auf ungesetzliche Weise für den Hellenismus Propaganda zu machen"[11]), in etwas modificirt.

Die kurze Schrift von Ernst Zeidler über Julians Reaction bildet in keiner Beziehung eine Weiterführung der Forschung. Der Verfasser hält sich meistens an H. Richters Angaben und kommt über eine allgemeine Charakteristik des Verfahrens gegen die Christen nicht hinaus, lehnt vielmehr die ihm durch Wiggers dargebotene Periodentheilung ausdrücklich ab.

So befinden wir uns denn trotz der reichen vorhandenen Literatur noch immer nicht im Besitz einer Geschichte der julianischen Reaction, welche durch chronologische Ordnung aller Thatsachen und durch Verfolgung ihrer Entwicklung das richtige Bild des Auftretens Julians gegen die Christen enthüllt. Als Versuch einer solchen Geschichte bietet sich die nachfolgende Darstellung an.

B. Die Quellen für die Geschichte der julianischen Reaction.

Die Grundlage all' unserer Kenntniss der julianischen Reaction haben wir in den erhaltenen Gesetzen und Erlassen des Kaisers in Bezug auf die Christen zu suchen. Dieselben liegen uns theils im Codex Theodosianus, der römischen Gesetzsammlung aus der spätern Kaiserzeit[1]), theils in den Briefen Julians vor[2]), und zwar in den letztern theils als

---

[11]) Abth. 2, S. 86.

[1]) Die Citate aus dem Codex Theodosianus beziehen sich auf die Ausgabe des Jacobus Gothofredus, in 6 Theilen, Leipzig 1736—1745.

[2]) Die Briefe, wie alle übrigen Schriften des Julian, sind citirt nach der Ausgabe von Spanheim, Leipzig 1696. Den grössten Theil des Bandes nimmt die Schrift Cyrills von Alexandrien gegen Julian in Anspruch; dieselbe enthält die Fragmente der julianischen Bücher gegen das Christenthum an der Spitze der jedesmaligen Erwiderung. Die bei Spanheim abgedruckten Briefe Julians, sowie die später entdeckten haben Heyler und 1873 Hercher in den Epistolographi graeci edirt. Einen noch ungedruckten Brief veröffentlichte Hemming im Hermes, Bd. 9. Eine neue Ausgabe der Werke Julians (leider ohne die Fragmente bei Cyrill) von Hertlein ist in der Teubnerschen Sammlung erschienen.

directe Edicte, theils in der weitläufigeren, Gründe herbei-
ziehenden Form kaiserlicher Handschreiben. Ausserdem enthalten Julians Briefe manchen Hinweis, der uns zur Recon-
struction verlorener Erlasse führt, sie zeigen uns ferner, welche
Ideen Julian bei seinen Kämpfen für das Heidenthum gegen
die Kirche leiteten, sie liefern uns endlich eine Reihe von
Zügen, welche die Zustände unter der Regierung des Kaisers,
sowie die Vergangenheit des Letzteren erläutern. Julians
Jugendgeschichte ist von ihm selbst namentlich in seiner
Proclamation an die Athener dargestellt worden; abgerundet
wird das aus diesem Erlass gewonnene Bild durch die
Angaben des Misopogon, jener Satire voll verhaltenen Grimms
gegen das antiochenische Volk, deren Abfassung durch Julian
ein merkwürdiges Factum in der Geschichte der Reaction
selbst ist. Die Reden des nicht erfolglos eifrigen Schülers der
Rhetoren bieten dem Geschichtschreiber der Reaction nur gelegentlich einen Fund dar, während die Fragmente der Schrift
gegen die Christen viel dazu beitragen, den Wurzeln des Vorgehens Julians auf die Spur zu kommen, und ebenfalls als
Mittel zur Verdrängung des Christenthums einen Platz in der
Reactionsgeschichte beanspruchen.

Legen wir nun die Schriften des Kaisers als die am
meisten authentischen Quellen unserer Darstellung zu Grunde,
so bedürfen sie doch sehr einer Ergänzung durch andere Berichte. Sie bilden keine fortlaufende Geschichte, abgesehen von
den allerdings historisch erzählten Jugenderinnerungen des Kaisers; zum grossen Theil finden wir bei Julian vielmehr un-
absichtliche und unvollständige Berichte. Da wir ferner
nicht vergessen dürfen, dass uns in Julian ausser bei den
Urkunden stets ein Parteischriftsteller entgegentritt, so wenden
sich unsere Blicke andern Autoren zu, damit durch sie Julians
Angaben Ergänzung und vielleicht Berichtigung finden. Alle
diejenigen Schriftsteller, welche uns in geschichtlicher oder
rednerischer Form Material für unsere Forschung darbieten,
zerfallen von vornherein in zwei Gruppen, je nachdem sie
Heiden oder Christen sind und daher mit ihren Sympathieen
auf Seiten des Kaisers oder der Kirche stehen.

An der Spitze der heidnischen Schriftsteller steht der
Redner Libanius, der während des antiochenischen Aufent-

halts des Kaisers mit diesem persönlich verkehrte, auch
selbst in die Ereignisse der Reaction eingriff und zu andern
Zeiten einen lebhaften Briefwechsel mit seinem kaiserlichen
Gönner unterhielt. Diese Briefe haben für unsern Zweck
jedoch nur hin und wieder Bedeutung; um so eingehender
aber sind die Berichte über Julians Leben und Streben, über
seine Jugend und seine Regierung in einer Reihe von theils
fingirten, theils wirklich gehaltenen Reden des Libanius. [3])
Das Bewusstsein, dass wir einen Panegyriker des unglücklichen Monarchen vor uns haben, darf uns bei Benutzung der
Angaben des Libanius nie verlassen, aber eben so wenig der
andere Gedanke, dass dieser Panegyriker wissen musste, wie
sehr er der Controle gegnerischer Zeitgenossen ausgesetzt
war. An den Stellen, wo Libanius schärfere Massregeln des
Kaisers erwähnt oder mit dem Zorn desselben droht, können
wir uns alles Misstrauens entschlagen, denn der gefeierte
Rhetor will Julians Milde gegen Andersgläubige nicht weniger
loben als seinen Eifer für die Götter. Auch die Ereignisse,
welche unter Libanius' Augen in Antiochien von den Gegnern
des Kaisers herbeigeführt wurden, sind von ihm wahrheits-
getreu berichtet, denn mit Aufzählung derselben wendet er
sich gerade an die Antiochener.

Der kaiserliche Offizier Ammianus Marcellinus ist bei
unsern Vorgängern als Quellenschriftsteller für die Geschichte
Julians besonders angesehen gewesen. Allgemein rühmt man
seine Unparteilichkeit, seinen scharfen Blick auch für die
Schattenseiten seines Helden, in dessen nächster Umgebung er
den Perserkrieg mitgemacht hat. Wir haben keinen Grund,
an solchem Urtheil zu rütteln, wollen uns aber hüten, aus ihm
zu viel zu folgern. Vergessen wir nicht, dass wir die
Darstellung eines Soldaten lesen, in dessen Augen Julian vor

---

[3]) Vor Allem sind zu erwähnen die Bewillkommnungsrede an den in
in Antiochien einziehenden Kaiser (Πϱοσφωνητιϰὸς Ἰουλιανῷ), die für die
Rückkehr des Kaisers aus dem Perserkriege bestimmte Rede (Πϱεσβευτιϰὸς
πϱὸς Ἰουλιανόν, die Rede an die Antiochener über den Zorn des Kaisers,
die Monodie über den Brand des Daphnetempels und die Leichenrede auf
Julian (Ἐπιτάφιος ἐπὶ Ἰουλιανῷ) Citirt ist die Ausgabe von Reiske: Libanii
Orationes et declamationes, Altenburg 1784, 1791, 1797. Ueber Libanius'
Leben vergl. Monographie von Sievers. —

Allem der gefeierte Kriegsheld ist, daneben der Staatsmann, der mit alter Römertugend seine Herrschaft ausübt. Für die religiösen Kämpfe des Kaisers ist Ammians Interesse um so geringer, als er selbst eine religiös indifferente Natur ist. Auch war er während der Regierung Julians vor dem Perserkriege aller Wahrscheinlichkeit nach an der Ostgrenze des Reichs, vielleicht auch auf einer Reise durch Aegypten[4]), jedenfalls nicht am Hofe Julians, dem Mittelpunkt der Reaction. Daher erscheint es nicht stichhaltig, nach Ammians einzelnen zerstreuten Notizen ein Bild des julianischen Vorgehens gegen die Kirche gestalten zu wollen, und ganz verkehrt ist es, wie Mücke gethan hat[5]), nicht nur Ammians Bericht der Darstellung zu Grunde zu legen, sondern ihn auch bei der Kritik sämmtlicher andrer Quellen als Prüfstein zu gebrauchen. Machte man mit diesem Princip Ernst und führte es consequent durch, so würde manche Angabe des Kaisers selbst als von der Kritik verurtheilt erscheinen. Wie für die Geschichte der Reaction, so ist auch für die Jugendgeschichte Julians Ammian nicht der beste Gewährsmann, wie sich am betreffenden Orte im Einzelnen zeigen wird.

Wie Ammianus Marcellinus, so hat auch der etwas spätere griechische Historiker Zosimus Julian vorwiegend vom militärischen Standpunkt aus dargestellt. Er hegt für den siegreichen Helden der Schlachten gegen die germanischen Grenzvölker und den unglücklichen Kämpfer gegen die Feinde am Euphrat die grösste Bewunderung[6]); er will in kurzer Uebersicht Julians Thaten darstellen, am meisten alles von seinen Vorgäugern Ausgelassene.[7]) Diesem Princip ist es zuzuschreiben, dass die Reaction Julians gegen das Christenthum so gut wie gar keine Erwähnung bei Zosimus

---

[4]) Vergl. Mücke Abtheil. 2, S. 326.

[5]) Abth. 2, S. 328. Diesem von Mücke überall beobachteten Verfahren, welches für die Reaction gegen das Christenthum sich als falsch erweist, ist im Uebrigen bei allen Partieen des Mücke'schen Werks über den Feldherrn Julian und seine politischen Massregeln die Berechtigung nicht abzustreiten.

[6]) Zosimus nennt 5,2 Julian den Grossen. Dies Prädicat hat Mücke in der Vorrede zu seiner ersten Abtheilung adoptirt, dann aber in der zweiten Abth. diese Adoption indirect zurückgenommen. Vergl. die Charakteristik des Zosimus im Anhang Mückes, S. 247.

[7]) Zosimus 3, 2.

findet. So ist der Letztere denn für uns nur hinsichtlich weniger Angaben von Werth.

Die Reihe der heidnischen Quellen schliessen wir mit dem unter Arcadius schreibenden Eunapius ⁹), dessen Lebensbeschreibungen berühmter Sophisten des vierten Jahrhunderts auch die Berührung verschiedener derselben mit dem Kaiser Julian erwähnen.⁹) Die betreffenden Schilderungen Eunaps, gewöhnlich mit grossem Vertrauen aufgenommen, sind in jener affectirten und im Helldunkel gehaltenen Rhetorik geschrieben, die der Literarhistoriker Bernhardy dem Schriftsteller überhaupt Schuld giebt, welcher nach seinem Urtheil schwärmerisch an Heidenthum und theurgische Geheimlehren hingegeben war und die Oede seines Werkes kümmerlich mit Anekdoten ausfüllte. ¹⁰)

Aus dem Kreise der Christen empfangen wir die ältesten Mittheilungen über Julians Reaction von dem Altersgenossen wie Studiengefährten und nachmaligen erbitterten Gegner des letzten constantinischen Herrschers, von Gregor von Nazianz, in seinen beiden Schmähreden gegen den todten Feind. ¹¹) Die ganze neuere Geschichtsforschung (natürlich mit Ausnahme Auers) ist mit berechtigter Vorsicht an diese Schriften hinangetreten; der glühendste Hass gegen den Kirchenfeind und die triumphirendste Freude über seinen Fall haben dem streitbaren Bischof die Feder in die Hand gedrückt und ihm handgreifliche Uebertreibungen und gewiss auch grundlose Anschwärzungen dictirt. Nach seiner eignen Aussage ¹²) wollte er nicht alle Verbrechen Julians aufführen, keine Geschichte liefern, vielmehr nur das Hauptsächlichste, d. h. das dem Kirchenvater für seine Schmähungen Passendste, hervorheben, gleichsam eine „Säuleninschrift" hinterlassen. Sollen wir nun hiernach die Reden Gregors ganz unbenutzt lassen, indem wir sie mit Mücke als

---

⁹) Vergl. Bernhardy, Griechische Literaturgeschichte, Band 1, S. 636.

⁹) Besonders gehört hierher das Leben des Maximus, für Einzelnes das Leben des Prohäresius und das des Oribasius.

¹⁰) Bernhardy a. a. O. S. 636 und 649.

¹¹) Es sind dies in den gesammelten gregorianischen Reden die dritte und vierte; erstere handelt von dem, was sich Julian hat zu Schulden kommen lassen, letztere von der Strafe, die ihn dafür ereilt hat. Citirt ist die Ausgabe der Reden Gregors von Morellus, Köln 1690.

¹²) Or. III, p. 57 D.

historisch ohne Werth erklären?[13]) Dazu fehlt uns meiner Ansieht nach die Berechtigung eben so sehr wie zu einer kritiklosen Annahme der gregorianischen Mittheilungen. Immer bleibt uns Gregor wichtig als Zeitgenosse und theilweise als Augenzeuge der von ihm geschilderten Vorgänge, die er doch nicht sämmtlich ganz und gar aus der Luft gegriffen haben kann. Treffend hat der Biograph des Bischofs von Nazianz, Ullmann, sich über diese Reden seines Helden dahin ausgesprochen, dass ihre Schilderungen übertrieben, ihre Erzählungen nicht selten durch Parteihass entstellt seien, dass sie aber als blosse Ausflüsse eines Zelotismus nicht angesehen werden dürften. [14])

Noch ein zweiter Zeitgenosse Julians hat uns eine Darstellung der Reaction vom kirchlichen Standpunkt aus hinterlassen, der Presbyter Rufin von Aquileja[15]). Ein geborner Heide, war er zu Julians Zeit noch nicht dem Christenthum beigetreten, ward also durch keine Massregeln gegen seine nachmaligen Glaubensgenossen mit betroffen, auch stand er räumlich dem eigentlichen Reactiongebiet nicht so nahe, wie der in Cappadocien, also unweit von Antiochien, weilende Gregor. Etwa dreissig Jahre nach Julians Tod sammelte Rufin das Material zu seiner Fortsetzung der Kirchengeschichte des Eusebius von Cäsarea. Damals lebten noch Augenzeugen der in ihren Folgen längst verwischten Reaction Julians, und Rufin hat solche Augenzeugen als Gewährsmänner seiner Darstellung benutzt [16]) ; zu seinen sonstigen Quellen gehörte vor Allem die christliche Ueberlieferung. Gregors Reden hat er sehr wahrscheinlich nicht kennen gelernt, jedenfalls findet sich bei ihm kein Anzeichen ihrer Benutzung,

---

[13]) Abth. 2, S. 286.
[14]) Gregor, S. 95.
[15]) Rufin von Aquileja (nach Stäudlin, Geschichte und Literatur der Kirchengeschichte, 1827) geboren ca. 350 p. C., † 410 in Sicilien. Nach dem betreffenden Artikel in Herzogs theol. Realencyklopädie soll seine Kirchengeschichte ca. 400 geschrieben sein. Rufins Uebertritt zum Christenthum wird nach demselben Artikel 371 angesetzt. Später finden wir den Presbyter in Palästina, von wo er 395 wieder in's Abendland getrieben wurde, als er der Excommunicirung des todten Origenes nicht beitreten wollte (vergl. Hase, Kirchengesch. S. 134 f).
[16]) Ruf. Lib. 1, ep. 36.

und so ist Rufin vor vielen Unrichtigkeiten bewahrt geblieben. [17])
Freilich musste andererseits wegen der ganzen Lebensverhält-
nisse Rufins dessen Darstellung der julianischen Reaction eine
unvollständige bleiben, und man ist daher nicht ohne Weiteres
befugt, mit Mücke [18]) ans Rufins Schweigen über einige von
den spätern Kirchenhistorikern berichtete Einzelfacta deren
Ungeschichtlichkeit zu folgern, zumal wo dieselben auf
Gregor oder auf sonstige Ueberlieferung des Orients zurück-
weisen. Das jedoch, was Rufin über Julians allgemeinere Massregeln gegen die Kirche sagt, erscheint glaubwürdig, der Vorwurf des Legendenhaften kann nur Einzelheiten treffen; vor
Allem aber hat dieser abendländische Proselyt vor dem cappadocischen Kirchenfürsten den Ruhm einer gemässigteren, wür-
digeren Darstellung voraus.

Zu diesen beiden von einander unabhängigen Quellen aus
der katholischen Kirche tritt als dritte für sich dastehende·
Quelle die Kirchengeschichte des später lebenden Philostorgius,
eines Arianers. [19]) Leider ist uns diese Schrift nur in einem
knappen Auszug erhalten, welcher von Photius, dem gelehrten
Patriarchen von Constantinopel im neunten Jahrhundert, her-
rührt. Ein Vergleich des Philostorgins mit Rufin zeigt die
schnelle Zunahme des Legendenhaften, welches das wahre
Bild der Reaction schon bald nach ihrem Ende zu trüben begonnen hatte, doch beweist manche Angabe des Philostorgius,
welche durch heidnische Quellen Bestätigung findet, dass
richtige Erinnerungen noch lebten und bei Christen Glauben
fanden.

---

[17]) Zu diesem Schluss berechtigt uns der Umstand, dass Rufin nicht
nur keine einzige der von Gregor eingestreuten Verfolgungsanekdoten aufgenommen hat, sondern dass er auch gar nicht andeutet, er kenne neben
den von ihm berichteten noch andre Einzelfacta aus der Reactionszeit.

[18]) Mücke bezeichnet Abth. 2, S. 333 Rufin als „ein auch dem leiden-
schaftlichsten Gegner Julians einleuchtendes argumentum e silentio."

[19]) Philostorgius, ein geborner Cappadocier, schrieb etwa 420—430 p. C.
(Stäudlin a. a. O.). Seine Unabhängigkeit von Gregor und Rufin ist sehr
wahrscheinlich durch seinen Arianismus und dadurch, dass sich nur selten
ein charakteristischer Zug der Darstellung Gregors oder Rufins bei Philostorgius findet. Beweisen lässt sich diese Unabhängigkeit jedoch schon
darum nicht, weil wir nur einen Excurs der philostorgischen Darstellung
besitzen.

Bald nach Philostorgius schrieb der katholische Jurist Sokrates von Constantinopel seine Kirchengeschichte. [20]) Für die Darstellung der Geschichte Julians fusst er nachweisbar auf den meisten der bisher betrachteten Quellen. Er hatte die Edicte des Kaisers selbst vor sich; eines ist dem ganzen Umfange nach in diese Kirchengeschichte aufgenommen [21]), ein andres, uns verloren gegangenes Edict wird als Beleg angeführt [22]), die Leichenrede des Libanius wird erwähnt und kritisirt [23]); auch die Jugendgeschichte bei Sokrates verräth die Benutzung dieser Rede oder des ihr wieder zu Grunde liegenden julianischen Misopogon. Gregors Reden treten ebenfalls deutlich als Quellen des Sokrates hervor [24]) und Rufin finden wir als Gewährsmann genannt. [25]) Die Benutzung so verschiedenartiger Quellen zeigt, dass Sokrates sich von Einseitigkeiten frei halten wollte, er war durch jene Verschiedenartigkeit gezwungen, kritisch zu Werke zu gehen, und der Umstand, dass er z. B. dem Gregor nicht Alles nachgeschrieben hat, auch sich von ihm nicht zu leidenschaftlicher Ausdrucksweise hinreissen liess, erlaubt uns, auch dort mit einiger Zuversicht seine Mittheilungen anzuhören, wo wir deren Herkunft nicht kennen. Ständlin lobt die Zuverlässigkeit des Sokrates, und auch Mücke charakterisirt ihn als den immerhin noch bedeutendsten unter den Kirchenschriftstellern jener Zeit, der noch einige Kritik benutzte und offenbare Unwahrheiten wegliess. [26])

Sokrates' gleichzeitiger Genosse in der kirchlichen Geschichtschreibung, Hermias Sozomenus [27]), wird von Ständlin nicht so günstig beurtheilt wie der Erstgenannte. Er verlässt sich nach Ständlin zu sehr auf blosse Sagen und Ueberlieferungen

---

[20]) Sokrates Scholasticus, geboren und erzogen in Constantinopel, lebte unter Theodosius II. (408–450) als Sachwalter daselbst (Ständlin a. a. O.). Citirt ist die Capiteleintheilung in der Ausgabe des Valesius, Mainz 1677.

[21]) Sokr. 3,3 (ep. 10 des Julian).

[22]) Sokr. 3,12 Schluss.

[23]) Sokr. 3,23.

[24]) Sokr. 3,23.

[25]) Sokr. 3,19.

[26]) Abth. 2, S. 262.

[27]) Sozomenus stammt aus Gaza in Palästina, später war er wie Sokrates Advocat in Constantinopel unter Theodosius II. Citirt ist hier ebenfalls die Ausgabe des Valesius.

und kommt dem Sokrates an Unparteilichkeit, Kritik und gesunder Urtheilskraft nicht gleich. Auch die Bearbeitung der julianischen Reaction durch Sozomenus rechtfertigt ein solches Urtheil: wir finden dort eine sehr starke Benutzung Gregors [28]); auch die Märtyrergeschichten des Sokrates sind meistens herübergenommen. Doch ist Sozomenus auch auf die kaiserlichen Edicte zurückgegangen; seinem ganzen Umfang nach ist Julians Erlass an den heidnischen Oberpriester Arsacius mitgetheilt [29]), manche andre Edicte sind citirt oder erwähnt. [30]) Diese Benutzung der Urkunden durch Sozomenus wird uns veranlassen, trotz all' seiner Schwächen an ihm doch nicht achtlos vorüberzugehen.

Der späteste Kirchenhistoriker, der für unsere Aufgabe noch in Betracht gezogen zu werden verdient, ist der Bischof Theodoret von Cyrus. [31]) Wenn Stäudlin urtheilt, es seien dem Theodoret wohl Fehler und Versehen nachzuweisen, immer aber bleibe er ein sehr schätzbarer Schriftsteller, so glaube ich das Urtheil auch hinsichtlich der Behandlung Julians vertreten zu können, obwohl Mücke [32]) in dem, was Theodoret unabhängig von Sokrates und Sozomenus mittheilt, nur eine Anzahl von Anekdoten finden will. Diese Anekdoten nämlich führen uns fast alle nach Antiochien, dort aber hat unser Historiker seine Jugend noch unter Augenzeugen der julianischen Reaction verlebt. Für die antiochenischen Verhältnisse dürfen wir daher in Theodoret wenn auch keinen authentischen Gewährsmann, so doch einen immerhin zu beachtenden Berichterstatter erblicken.

So viel über die Quellenschriftsteller im Allgemeinen. Es durfte dieser Ueberblick nicht auf Einzelheiten eingehen, welche bei der Untersuchung des Verlaufs der Reaction zur Sprache kommen müssen. Hier kam es nur darauf an, von vornherein einige leitende Gesichtspunkte für die weitere Verarbeitung des Quellenmaterials zu gewinnen.

---

[28]) Zu vergl. u. A. Soz. 5, 2 mit Gregor III, p. 70 D und 71 B ff., Soz. 5,17 mit Gregor III, p. 84 D ff.

[29]) Soz. 5,16 (ep. 49 des Julian).

[30]) Soz. 5,15 citirt epp. 26 und 52 des Julian.

[31]) Theodoret war in Antiochien geboren und dort Schüler des Theodor von Mopsueste und des Joh. Chrysostomus. Sein Bischofamt in Cyrus (etwa fünfzehn geogr. Meilen nordöstlich von Antiochien) trat er 420 p. C. an (vergl. Stäudlin).

[32]) Abth. 2, S. 278.

Geschichte der Reaction Kaiser Julians gegen die christliche Kirche.

Abschnitt I. Vorgeschichte der Reaction.

1. Die Kirche im römischen Reich vor Julians Regierungsantritt.

Zwei und ein halbes Jahrhundert hat das römische Kaiserthum mit der Kirche einen bald mehr, bald minder blutigen Kampf geführt. Die Geschichte nennt uns eine Reihe gekrönter Verfolger von jenem halb wahnsinnigen Nero an, der die Schuld am Brande der Weltstadt von sich ab auf die kleine, allgemein verachtete Secte der Christianer wälzte, bis zu Diocletian und seinen Mitregenten, welche an der Schwelle des vierten Jahrhunderts unserer Zeitrechnung noch einmal den christlichen Namen auszurotten suchten. Zwar mancher Imperator fehlt in dieser Reihe, aber gerade die thatkräftigern, von echtem Römergeist erfüllten Kaiser, wie der edle Trajan und Marc Aurel, der Philosoph auf dem Throne, sind offene Feinde des Christenthums gewesen.

Trotz all' jener Verfolgungen war die Kirche nicht nur unbesiegt geblieben, sondern zu einer immer zahlreicheren und einheitlicheren Genossenschaft geworden. Sie zu vertilgen musste schon im Zeitalter Diocletians Vielen als ein fruchtloses Bemühen erscheinen, ein Bund mit der Kirche dagegen stellte sich immer mehr als vortheilhaft für den alternden Staat heraus. Verknüpfte man das Interesse der Christen mit dem der Krone, so musste die Gemeinsamkeit des kirchlichen Lebens auch in

politischer Beziehung ein festes Band um die Glieder des
römischen Reichskörpers schlingen. Blieb die Kirche aber von
Seiten der Reichsgewalt feindseligen Berührungen ausgesetzt,
so drohte, da den Christen ihre Widerstandsfähigkeit nicht
lange mehr verborgen bleiben konnte, ein allgemeiner Bürger-
krieg und damit die höchste Gefahr für den Bestand des
Weltreiches.

Die Stiftung der römischen Reichskirche war somit ge-
bietende Forderung der Zeit an die Staatsleiter: diese Forderung
verstanden und ihre Erfüllung, wenn auch noch nicht durchgeführt, so doch angebahnt zu haben, das ist das weltgeschichtliche
Verdienst Constantins des Grossen. Er begann seine Aenderung
des religiösen Staatscharakters mit einem Duldungsdecret für
alle Christen, langsam schritt er fort zu offener Bevorzugung
der Kirche, er besiegelte seine Thätigkeit damit, dass er, der
Pontifex maximus, der oberste heidnische Priester des Reichs[1],
auf dem Todtenbette die Taufe sich ertheilen liess.

In seinen letzten Tagen konnte Constantin die Verdrängung
des Hellenismus aus seiner alten Stellung als vollendete Thatsache ansehen, aber der Plan seiner Regierung, dem Reich eine
feste innere Stütze zu geben, hatte andere unvorhergesehene.
aber sehr bedenkliche Hindernisse gefunden, welche in der
offnen Spaltung der zum Siege geführten Kirche bestanden.
Für das Christenthum freilich hat das Geschick es günstig so
gefügt, dass gerade unter Constantin, als an die Stelle der bisherigen äussern Gefahren diejenigen der Verweltlichung und
religiösen Energielosigkeit traten. die gewaltigen Lehrstreitigkeiten über Göttlichkeit oder Gottähnlichkeit Christi ausbrachen,
welche die Einheit der Kirche bis in ihre Grundvesten hinein
erschüttert haben. Hätte nicht des durch das nicänische Concil
verdammten Arius ferneres Auftreten für die Anerkennung
eines dem Vater untergeordneten Halbgottes bald über die
eigene, bald über die gegnerische Partei kaiserliche Ungnade
gebracht, wären nicht die Christen unter den obwaltenden
Verhältnissen vor allzu festem Anschmiegen an den Thron bewahrt und auf eigene Energie hingewiesen worden, so hätte

---

[1] Diese alte Imperatorenwürde hat Constantin nicht aufgegeben,
s. Hase a a. O. s. 87.

die Kirche dem plötzlichen Wechsel ihrer äusseren Stellung eine noch viel grössere Abkehr von ihrer frühern ethischen und religiösen Thatkraft zu verdanken gehabt. als das jetzt schon der Fall gewesen ist.

Constantin hatte sein Augenmerk darauf richten müssen, die Parteiung in der Kirche zu beenden[2]); das Concil von Nicäa war sein Werk, und der von heftigen Gegnern des Arius gelenkte kaiserliche Wille beeinflusste die versammelten Bischöfe derart, dass die ursprüngliche Minderheit bald eine fast einstimmige Verdammung des Arius durchsetzte. Schon nach wenigen Jahren jedoch wurde die Theologie des Hofes eine andere, und die Folge davon war die Verbannung des Führers der nicänischen Partei. Die Wiedereinsetzung des Arius wurde nur durch seinen plötzlichen Tod vereitelt. Ein halb arianisch gesinnter Kirchenfürst vollzog die Taufe an Constantin, während der ganze Westen des Reichs unter des römischen Bischofs mächtigem Einfluss an den nicänischen Beschlüssen festhielt. So fanden sich beim Tode Constantins drei religiöse Parteien vor: die hellenistische, die arianische, die katholische, von denen immer eine den beiden andern feind war.

Die ganze constantinische Familie theilte mit ihrem Haupte das christliche Bekenntniss, so auch die Söhne des Kaisers, seine Nachfolger in den verschiedenen Theilen des Reiches. Die unter ihnen fortdauernden Lehrstreitigkeiten der Christen trugen zur Entzweiung der Brüder Constantius und Constans bei. Während der Letztere, nach des dritten Bruders Constantin frühem Fall Alleinherrscher im Westen, sich zu den Katholiken und ihrem aus Alexandrien verbannten Vorkämpfer Athanasius hielt, triumphirte im Osten unter Constantius der Arianismus in der durch Eusebius von Nicomedien gemilderten Form. Zwar erzwangen im Jahre 349 die Drohungen des Constans von seinem Bruder die Wiedererhebung des Athanasius auf den Stuhl von Alexandrien, aber wenig später verlor der Katholicismus durch den Tod des Constans seinen Halt. Jetzt nahm unter dem Schutz des nunmehrigen Alleinherrschers Constantius der Semiarianismus von der ganzen Reichskirche Besitz. Die hartnäckigen Katholiken verloren ihre Bischofssitze, ihre Güter

---

²) S. über die Geschichte des arianischen Streites Hase §§. 94 und 95.

wurden confiscirt, sie selbst mussten in's Exil wandern. Das Schicksal der katholischen Bischöfe theilten auch strenge Arianer, welche, der consequenten Lehre der Partei getreu, den vermittelnden Hofbischöfen nicht folgten.[3]) Die Kirchen der Arianer wurden mit reichlichen Geldmitteln ausgestattet, ihre Priester mit Privilegien, Steuerfreiheit und Gerichtsbarkeit beschenkt, wie es hiess, „um den Seelen zu Hülfe zu kommen".[4])

Hand in Hand mit der Fürsorge für den Arianismus ging die Bedrückung der hellenischen Religion durch Constantius. Gregor von Nazianz giebt dem als Arianer ihm doch sehr anrüchigen Kaiser das Zeugniss, niemals habe Jemand Etwas mit so glühendem Eifer erstrebt, wie Constantius wünschte, dass die Christen wüchsen[5]), und um dieses Eifers willen erscheint ihm sogar die Schädigung der Orthodoxie in milderem Lichte; sie wird nicht auf Verachtung des wahren Glaubens, sondern auf den Wunsch, die Spaltung zu beseitigen, zurückgeführt.[6]) Die von Constantin noch nicht beunruhigten öffentlichen Gottesdienste der Hellenisten sind von Constantius durch Schliessung der Tempel und Verbot der Opfer vereitelt worden.[7]) Die verlassenen Tempel wurden zum Theil auf höhern Befehl niedergerissen und ihr Material den Christen zu Kirchen- und Privatbauten überlassen. Andre Heiligthümer fielen dem eigenmächtig schaltenden Fanatismus der christlichen Bevölkerung zum Opfer. Auch die blosse Anbetung der alten Götterbilder galt nunmehr als Verbrechen, welches den Tod nach sich zog, und ebenso die Ausübung der Vogel- und Eingeweideschau, der Sterndeutung und der Wahrsagerei.

Widerstandslos liessen die zahlreichen Anhänger der alten Götter Solches über sich ergehen, aber die hervorragenderen Geister unter ihnen bauten auch ferner auf die Macht der Olympier, wenn sich dieselbe auch jetzt nicht spüren liess.

---

[3]) Daher die Verbannung des Eunomianers Aëtius, welcher in der Geschichte Julians zu nennen sein wird.

[4]) λόγῳ ταῖς ψυχαῖς βοηθῶν: Liban. Epit. R. I, p. 571.

[5]) Gregor Or. III, p. 64 A.

[6]) Gregor Or. III, p. 64 C.

[7]) Die Quellennachweise für die hier erwähnten Massregeln des Constantius gegen die heidnische Religion siehe bei Schröckh, Kg., Theil 6, S. 8–11.

Der Kreis der asiatischen Sophisten, in den uns die Biographieen
des Eunapius einführen, verharrte bei der Götterlehre des gefeierten Plato, und das alte Athen blieb nicht nur der Sitz
der Musen, den auch christliche Jünglinge, spätere Säulen der
Orthodoxie, aufsuchten[8]), sondern wurde daneben die Zufluchts-
stätte des Göttercults, der in der Verborgenheit der eleusinischen
Mysterien durch den Hierophanten ausgeübt ward. [9]) Lange
Zeit schien keine Aussicht vorhanden, dass die den Göttern
treu Gebliebenen das Haupt wieder frei und stolz im Reich
erheben dürften, doch seit dem fünfzehnten Regierungsjahr des
Constantius war ihnen ein Stern der Hoffnung aufgegangen.
Ein Glied der kaiserlichen Familie, bald durch die Entwicklung
der Ereignisse Thronfolger und wenig später Mitregent des
Constantius, bürgte durch seine hellenistische Gesinnung für die
bevorstehende Zurückführung der alten Götterherrlichkeit, und
sehnsuchtsvoll richtete sich der Blick der asiatischen Sophisten,
eines Libanius und Maximus, nach dem fernen Westen, von wo
der neue Siegeszug der Olympier seinen Ausgang nehmen
musste.

2. Julians christliche Erziehung.

In der alten Stadt am Bosporus, welche Constantin mit
dem neuen Namen Constantinopel und dem Range der Reichshauptstadt geschmückt hatte, wurde in der zweiten Hälfte des
Jahres 331 dem jüngern Halbbruder des Kaisers, Julius Constantius, von seiner zweiten Gattin Basilina ein Sohn geboren,
der den Namen Flavius Claudius Julianus in der Geschichte
führt.[1]) Auch die Mutter des Prinzen entstammte einem edlen
Geschlechte, dem der Anicier, das in Bithynien und Jonien be-
gütert war[2]), und zu dessen weitläuftigen Verwandten der mäch-

---

[8]) Gregor Or. IV, p. 121 D.
[9]) Eunap. Vita Maximi.
[1]) Vergl. z. B. Jul. ep. 58: τὴν ἐμὴν πατρίδα Κωνσταντίνου
πόλιν. — Jul. starb am 26 Juni 363, noch nicht zweiunddreissig Jahre
alt (Amm. 25, 3, 23; 25, 5, 1), geboren ist er demnach 331 nach dem 26.
Juni.
[2]) Jul. ep. 46; ad Ath. p. 273 B.

tige Bischof der bithynischen Hauptstadt, Eusebius von Nicomedien. gehörte.[3]) Basilina, welche jedenfalls Christin, dabei
aber doch in den Religionsurkunden des alten Hellenismus,
den Gedichten Homers und Hesiods, unterrichtet war[4]), konnte
keinen Einfluss auf die Erziehung ihres Sohnes ausüben, da
sie schon wenige Monate nach seiner Geburt starb.[5])
    Der mutterlose Knabe wuchs neben zwei ältern Halbbrüdern
heran. Ueber die ersten Jahre seines Lebens bis zum Tode
seines kaiserlichen Oheims besitzen wir keine nähere Kunde;
unbeachtet vom Hofe wird er im Hause seines Vaters gelebt
haben.[6]) Als aber die kaum zur Regierung gekommenen Söhne
Constantins, an ihrer Spitze Constantius, noch im Jahre 337
den berüchtigten Soldatentumult gegen ihre männlichen Verwandten in's Werk setzten, schwebte auch der sechsjährige
Julian in Todesgefahr. Sein Vater wie sein ältester Bruder
fielen der Wuth der Soldaten zum Opfer; sein zweiter, damals
zwölfjähriger Bruder Gallus und Julian selbst blieben am Leben,
indem Constantius von dem Plan, diese Vettern zu tödten, Ab-
stand nahm.[7]) Er that dies in der falschen Erwartung, dass

———

[3]) Anm. 22, 9, 4: Eus., quem (Jul.) longius genere attingebat.
Diese Verwandtschaft kann nur von Julians Mutter, deren Familie ja eine
bithynische ist, herstammen. Ueber eine Verwandtschaft Eusebs mit Constantin würde die Geschichte nicht schweigen.
    [4]) Für Ersteres spricht Basilinas Ehe mit einem Prinzen des constan-
tinischen Hauses und ihre Verwandtschaft mit Euseb. Zu Letzterem
vergl. Misop. p. 352 B.
    [5]) Jul. Misop. p. 352 B.
    [6]) Teuffel (a. a. O. S. 144) meint, dass Julian auf seinen mütterlichen
Besitzungen gelebt habe, bis er zum Schulunterricht nach Constantinopel
kam. Diese Vermuthung, an und für sich nicht unwahrscheinlich, wird von
Teuffel darauf gestützt, dass Kaiser Constantius den Prinzen erst nach
vielen Jahren (zwischen 345 und 351) zuerst gesehen hat. Wenn jedoch
sicher bezeugt ist, dass Julian 338 und die folgenden Jahre in Constantinopel zubrachte (s. weiter unten), ohne dass sein kaiserlicher Vetter mit
ihm zusammentraf, so ist Teuffels Grund keineswegs stichhaltig der ent-
gegengesetzten Annahme gegenüber, Julian sei in der Stadt, wo er 331
geboren war und seit 338 in die Schule geführt wurde, auch in der
Zwischenzeit gewesen.
    [7]) Jul. ad. Ath. p. 270 D.

22

der kranke Gallus bald eines natürlichen Todes sterben würde, uud im Hinblicke auf das zarte Alter Julians, welches diesen ungefährlich erscheiuen liess.[8])

Gallus wurde von Constantinopel verbannt[9]), seines nun völlig vereinsamten jungen Bruders aber nahm sich die Familie der Basilina an. Der gerade damals zum Bischof vou Constantinopel ernannte Eusebius von Nicomedieu hat die Oberaufsicht über die Erziehuug des ihm verwandten Knaben, welche Oberaufsicht Ammian ihm zuschreibt, zu der Zeit gehabt, als Juliau von seinem achten Jahre an die Schulen der Hauptstadt besuchte.[10]) Der ständige Begleiter des Prinzen, sein Pädagog, wurde ein scythischer Eunuche Mardonius, ein Sklave

[8]) Vergl. Sokr. 3, 1. — Einzig auf dies Motiv würde man zurückzugehen haben, wenn man Gregors Behauptung (III p. 58 B) adoptirte, dass Constantius Julian vor den aufständischen Soldaten gerettet habe: allein der Umstand, dass weder Sokr. noch Soz. diese Behauptung nachgeschrieben haben, lässt dieselbe als rhetorische Hyperbel für die Schonung Julians durch Constantius erscheinen. — Was an einer weitern Behauptung Gregors (III, 80 C) Wahres ist, dass ein Bischof von Arethusa, Marcus, den Prinzen vor der Wuth der Soldaten in eine Kirche geflüchtet habe, muss dahin gestellt bleiben.

[9]) Jul. ad Ath. p. 271 B.

[10]) Ammiau führt 22, 9, 4 die Erzichung Julians in Nicomedien durch Euseb an. Da dieser nun schon 338 seinen bithynischen Bischofssitz mit dem der Kaiserstadt am Bosporus vertauschte (Ilase §. 95), so müssten wir, um Ammian zu folgen, annehmen, dass jene Erziehung in Nicomedien durch den Bischof vor Julians siebentem Lebensjahre stattgefunden habe. Jedoch denkt sich Ammian diese Erziehung jedenfalls viel später, denn von jener Zeit her soll Julians Bekanntschaft mit verschiedenen Nicomediern datiren; in Wahrheit wurde dieselbe bei einem Studienaufenthalt des Prinzen in Nicomedien im Jahre 350 oder 351 angeknüpft, von welchem Aufenthalt Ammian schweigt und offenbar nichts wusste. Wir finden also bei unserm Autor zweierlei vermischt, diesen spätern Aufenthalt in Nicomedien und eine Erzichung durch Eusebius von Nicomedien. Wenn nun der Letztere 338 als Bischof nach Constantinopel berufen ward, damals aber Julian nach Libanius' Zeugniss (R. I, p. 525) „in der grössten Stadt nach Rom" Unterricht genoss, endlich noch Soz. bestätigt (V, 2), dass Jul. in seiner Jugend von Bischöfen erzogen sei, so liegt unsere im Text ausgesprochene Annahme mindestens sehr nahe. — Mücke (A. II, S. 24), der sich hier vor einem offenbaren Versehen seines unfehlbar zuverlässigen Ammian befindet, kommt zu dem Resultat, es „sehr wahrscheinlich" zu finden, dass Euseb „vielleicht im Jahre 337 bei einem vorübergehenden Aufenthalt in der

seines Grossvaters und einst der Lehrer seiner Mutter.[11]) Diesem Pädagogen schreibt der zum Manne herangereifte Zögling grossen Einfluss auf seine Bildung zu, und derselbe empfängt auch aus dem Munde des Libanius ein Lob.[12]) — An eine

Hauptstadt erziehlich auf Julian einwirkte." Dies Resultat ist zu absonderlich, als dass es einer langen Kritik bedürfte.

[11]) Jul. Misop. p. 352 A u. B.

[12]) Jul. Mis. p. 351 A ff, 352 A ff, Liban. I, 525. — Aus den vorstehenden Stellen des Mis. hat Mücke (A. 2, S. 9) freilich bittere Klagen des Kaisers über seine Erziehung herausgelesen. Sehr mit Unrecht! Die Erwähnung der Erziehung durch Mardonius, ganz in der satirischen Form des Misopogon gehalten und deshalb voll ironischer Vorwürfe gegen den Scythen, erfolgt, wie die Anknüpfung dieser Erwähnung p. 351 A beweist, nur, um darzuthun, dass der Verfasser nicht wollüstig die Augen umherzuwerfen verstehe, während die Antiochener in der üppigen Lebensweise die wahre Schönheit der Seele erblickten. Einem solchen Benehmen widerstreitet der Charakter Julians, der nun zurückgeführt wird auf die Lehren des Pädagogen. Auf ihn mögen daher die Antiochener ihren ganzen Hass werfen! Dass diese ironische Deutung der Vorwürfe die einzig haltbare ist, geht ferner hervor aus Misop. p. 353 C, wo erzählt wird, jener Greis habe ὑπ' ἀφροσύνης πεισθείς, von Wahnsinn ergriffen, seinem Zögling die Gestalten Platos und der übrigen Weisen als Tugendmuster hingestellt. Wer sieht hier nicht, dass der Philosoph Julian durch die Maske der Ironie hindurch spricht! — Auch Richter (S. 133) scheint diese Misopogonstellen missverstanden zu haben, während Neander (S. 72) Julians wahre Meinung herausgefunden hat. Die wichtigste Bestätigung unserer Ansicht aber bietet uns Libanius, der in seiner auf dem Misopogon fussenden Jugendgeschichte Julians im Epitaph dem Mardonius das Zeugniss βέλτιστος εὐνούχων ertheilt hat. — Die fernere Behauptung Mückes über Mardonius (S. 7), derselbe sei bis zum Tod des Constantius eine gefürchtete Person geblieben, nach dieses Gönners Tod aber habe das unwillige Volk seinen Namen einfach als beleidigendes Schimpfwort gebraucht, beruht auf einem Missverständniss der Stelle Mis. p. 352 A: τοῦτο οὖν πρὸ μηνῶν μὲν εἴκοσι προσκυνούμενον ὄνομα, νυνὶ δὲ προςφερόμενον ἀντ' ἀδικήματος καὶ ὀνείδους, εὐνοῦχος ἦν. Dort will Julian nur von der Bezeichnung Eunuch sagen, dass dieser Name vor zwanzig Monaten verehrt worden (wegen der Eunuchenmacht unter Constantius), nun aber zum Schimpfwort geworden sei. Dafür dass Mardonius, der schon als Erzieher Julians ein Greis war, später aus einem scythischen Sklaven zu einer angesehenen und gefürchteten Persönlichkeit geworden, dann aber wieder tief gefallen sei, fehlt jedes Anzeichen. Der ganze Abschnitt des Misopogon über Mardonius, dessen Erwähnung bei Libanius als eines einfachen Pädagogen und das Schweigen Ammians über eine Persönlichkeit, deren Name sprichwörtlich geworden sein soll, bilden vielmehr einen schwerwiegenden Gegenbeweis gegen Mückes Hypothese.

spätere Machtstellung des kaum dem Leben erhaltenen Knaben
dachte übrigens in jener Zeit wohl Niemand; Mardonius glaubte
in Jenem einen künftigen Privatmann zu erziehen und wollte
diesem Privatmann den Schmuck der Philosophie, der classischen Bildung verleihen.[13]) Der Eunuch folgte der allgemeinen
ascetischen Strömung der damaligen neuplatonischen Philosophie.
Wenn Julian von Mardonius zu den öffentlichen Lehrern der
Hauptstadt geführt wurde, erhielt er die Weisung, bescheiden
zur Erde zu blicken[14]); vor seinen Mitschülern hatte er keine
Ehrenstellung, sondern nichts als seine ungewöhnliche geistige
Begabung voraus.[15]) Vom Theater hielt der Greis den Prinzen
fern, hiess ihn den Lockungen seiner Genossen zum Besuch der
Wagenrennen, Pantomimen und Tänze kein Gehör leihen und
erschloss ihm zum Ersatz dieser rauschenden Vergnügungen
die stille Zauberwelt der homerischen Gesänge, die dem phantasievollen Geist Julians in ihrer ganzen Schönheit sich offen-
barte.[16]) Neben die Götterbilder Homers stellte Mardonius die
Bilder des Plato, Sokrates, Aristoteles und Theophrast als
leuchtende Beispiele der Tugend, durch deren stete Beachtung
wie er sagte, Julian zu immer grösserer sittlicher Vollkommen-
heit gelangen würde[17]), und gleich nach Beendigung des
Elementarunterrichts wurde der heranwachsende Knabe in die
Schriften der beiden grössten Philosophen des Alterthums ein-
geführt.[18]) Alles, was wir von Mardonius wissen, macht den
Eindruck, als sei er kein besonders eifriger Christ gewesen; er
lebte zu sehr mit seinen Ideen in der Welt der classischen
Literatur, und die hellenischen Tugenden hat er jedenfalls nicht
als glänzende Laster dargestellt. Er bezeichnete sogar die
ascetisch-philosophische Erziehung, welche er ertheilte, als den
einzigen Weg zur Tugend[19]), während sich doch die christ-

---

[13]) Mis. p. 354 A.
[14]) „ p. 351 A.
[15]) Lib. R. I, p. 525.
[16]) Mis. p. 351 D f.
[17]) „ p. 353 C.
[18]) „ p. 359 C.
[19]) Mis. 351 B, 352 B. — Dort heisst es: „Dieser (Mard.) redete
mir dies (die schliesslich gewonnene Lebensart) ein, indem er mich
einen Weg zu den Lehrern führte; indem er aber einen andern weder
selbst wissen wollte, noch mir zu beschreiten gestattete, bewirkte er, dass

liche Religion als der nächstliegende Weg zu ihr anbieten
musste. Den Einfluss der Erziehung des Mardonius verstärkte noch
der lebhafte Sinn des Knaben für die Wunder des Sternen-
himmels und den Strahlenglanz der Sonne, diese beiden Fundamente aller Naturreligion. Wenn Julian in sternenheller Nacht
den Blick zum Himmel erhob, so vergass er Alles um sich her,
hörte nicht auf Worte, die an ihn gerichtet wurden, ganz im
Anschauen versunken.[20]) So wurde schon damals allmählich
in der Brust Julians der Grund jener glühenden Begeisterung
für den Hellenismus gelegt, die in Zukunft die mächtige Trieb-
feder seines Wirkens als Kaiser ward. Eine längere Zeit freilich sollte noch vergehen, bis Julians Christenthum durch diese
Sympathie für die Götterwelt verdrängt wurde.

— Julians Schulunterricht in Constantinopel, den gelegent-
liche Besuche auf dem von der Grossmutter geerbten Landgut
im benachbarten Bithynien unterbrachen[21]), ging ungefähr 343
oder 344 zu Ende[22]), als der Kaiser Constantius dem in's reifere
Knabenalter gekommenen Prinzen und dessen aus dem Exil
zurückgerufenem Bruder Gallus das Schloss Macellum in Cappa-

---

ich Euch Allen verhasst bin." Diesen Satz hat Mücke (2 S. 8) wörtlich
von dem Wege durch die Strassen der Hauptstadt verstanden; ich finde
die bildliche Deutung auf den einen Weg der Sittenstrenge, den Mardonius den Prinzen führte, passender, im Hinblick auf die Wirkung, welche
Julian dem genannten Vorgeben zuschreibt, und dann weiter in Hinsicht
darauf, dass die wörtliche Deutung in Mardonius uns einen pedantischen
Hofmeister zeigen würde, während Julian ihn sonst als einsichtigen Erzieher zu philosophischer Lebensrichtung bezeichnet.

[20]) Or. in Reg. Sol p. 130 C u. D.

[21] Jul. ep. 46; der Kaiser will dort als μειράκιον κομιδῆ νέον
gewesen sein.

[22]) In Bezug auf dieses Ereigniss ist die Chronologie nicht ganz sicher.
Während Neander (S. 78 es ungefähr 344 ansetzt, entscheidet sich Wiggers
für 345, Mücke (2, S. 11) hingegen für 339. Das Jahr 345 ist der späteste
Termin, da der Aufenthalt in Macellum sechs Jahre dauert, Gallus aber
schon 351 zum Cäsar erhoben wird; dieser späteste Termin ist nicht halt-
bar, da er uns keinen Raum für den zweiten Aufenthalt Julians in Constantinopel vor Erhebung des Gallus gewährt. Andererseits rücken Stellen,
wie Jul. ad Ath. 270 D, 271 D f. die Entlassung aus Macellum und die
Berufung des Gallus an den Hof zeitlich doch ganz eng an einander.
Auch muss Julian den Unterricht in Constantinopel unter Leitung des

docien als Wohnsitz anweisen liess.²³) Was Constantius zu
diesem Schritte damals bewog, können wir nur muthmasslich
angeben, jedoch am wahrscheinlichsten ist, dass er seine Vettern,
welche von unzufriedenen Truppenführern hätten als Kron-
prätendenten gebraucht werden können, in möglichster Zurückgezogenheit, fern von der Hauptstadt und deren politischem
Treiben wissen wollte. Constantius' treuer Diener Eusebius von
Nicomedien war 342 gestorben ²⁴), und so mochte jetzt gegenüber dem Einfluss der übrigen mütterlichen Verwandten auf
Julian eine kaiserfreundliche Leitung fehlen. Um so mehr
schien es geboten, den Prinzen unter die Aufsicht kaiserlicher
Beamten zu bringen.

An die sechs Jahre, welche Gallus und Julian auf dem
herrlich gelegenen Landsitz bei dem cappadocischen Caesarea
verlebten, denkt der Letztere mit bitterer Klage zurück. Zwar
wurden die Brüder ihrem Range gemäss behandelt: grosse
Sklavenschaaren bildeten ihre Umgebung, ein prächtiges Schloss,
Bäder, Gärten mit nie versiegenden Quellen standen ihnen zur
Verfügung.²⁵) Aber vergebens sehnte sich Julian nach dem
Umgang mit seinen ehemaligen Genossen und zu seinem
Schmerze sah er sich von seinen ihm liebgewordenen Studien
in den Schulen der Literatur abgeschnitten.²⁶) Mit Freuden
begrüsste er es daher, wenn ihm wenigstens Bücher religiösen
und classischen Inhalts zum Abschreiben gegeben wurden, wie
das von Georgius, dem nachmaligen arianischen Bischof von
Alexandrien, geschehen ist.²⁷) Auch sonst gebrach es nicht an
allem Unterricht in Macellum.²⁸) An die Stelle der Gramma-

Mardonius längere Jahre genossen haben, um einen bleibenden Eindruck
und eine stete Nachwirkung desselben zu behalten; derselbe kann nicht
mit seinem achten Jahre beendet worden sein, wie Mücke annimmt. Hier
hat Letzterer dem Sozomenus zu viel Glauben geschenkt, wenn anders dieser
Schriftsteller wirklich die Verbannung nach Macellum unmittelbar an die
Lebensrettung Julians hat anschliessen wollen.
²³) Jul. ad Ath. 271 B u. C; Soz. 5, 2.; für den Namen auch
Amm. 15, 2. 7.
²⁴) Dies die neuere Ansicht; Schröckh, Th. 6, S. 77 lässt Euseb schon
341 gestorben sein.
²⁵) Jul. ad Ath. p. 271 C, Greg. Or. III, p. 58 B, Soz. 5, 2.
²⁶) Jul. ad. Ath. p. 271 C.
²⁷) Jul. ep. 9.
²⁸) Soz. 5, 2.

tiker und Rhetoren traten christliche Kleriker, und damals vor
Allem wird Julian die gründliche Kenntniss der Bibel sich erworben haben, welche dem Leser der Fragmente seiner Schrift
gegen die Christen nicht unbemerkt bleiben kann. Die Prinzen
wurden als Lectoren, Vorleser der Schrift bei den Gottesdiensten, in die Zahl der Kleriker aufgenommen[29]), und soweit
war Julian damals von der Verwerfung des vielleicht nur
mechanisch geübten Christenthums entfernt, dass er sich eifrig
am Bau von Märtyrerkapellen betheiligte.[30])

Je mehr die Prinzen zu geistiger Reife gelangten, desto
mehr wuchs ihres kaiserlichen Vetters Furcht vor ihrem Abfall, wenn sie in ihm den eigentlichen Mörder ihres Vaters erkennen würden. Es kam daher dem Constantius darauf an,
einen Schleier über seine Betheiligung an dem Blutbad nach
Constantins Tod werfen zu lassen. Die Umgebung der Prinzen
in Cappadocien hatte denselben einzureden, Constantius habe
damals theils durch Andre getäuscht seine Massregeln getroffen, theils habe er der Gewalt und dem Aufruhr eines
zügellosen und meuterischen Heeres nachgeben müssen.[31])

Glaubte Constantius nun an den Erfolg solcher Einredungen
oder wollte er den Gallus auf andere Weise an sich fesseln —
genug, ungefähr im Jahre 350 durften die Brüder das einsame
Schloss, den Ort ihrer glänzenden Gefangenschaft, verlassen.
Gallus wurde an den Hof gezogen, um bald die Würde eines
Cäsars, Mitregenten, zu erhalten.[32]) Julian begab sich einst-

---

[29]) Greg. Or. III, p. 58 C; nach ihm Sozom. 5, 2.
[30]) Greg. Or. III, p. 58 C. — Die Behauptung Gregors p. 59 A, Julian
habe damals insgeheim; bereits heidnische Anschauungen und Religion
gehabt, scheitert an dem bestimmten Zeugniss, welches Julian selbst über
den spätern Zeitpunkt seiner Conversion uns hinterlassen hat. An der
Richtigkeit der Erzählung Gregors von Julians Misserfolg beim Bau der
Kapelle des h. Mamas (p. 59 B ff.) haben wir keinen Anlass zu zweifeln,
da Gregor sich auf noch lebende Zeugen beruft. Da wir jenen Misserfolg
aber nicht für ein äusseres Zeichen der Gottlosigkeit halten, so verliert
das Ereigniss allen Werth für die Geschichte.
[31]) Jul. ad. Ath. p. 271 D.
[32]) Jul. ad. Ath. p. 272 A. — Mücke, der hier einen Zeitraum
von fünf Jahren (345—350) auszufüllen hat, schliesst sich (S. 14) wieder
an Soz. an, welcher an die Entlassung aus Macellum einen Aufenthalt
des Gallus in Ephesus inmitten seiner jonischen Güter anschliesst. Diesen

weilen nach Constantinopel, wo er die alten Studien wieder aufnahm und die Vorträge des Lacedämoniers Nicocles über Grammatik, sowie namentlich diejenigen des christlichen Sophisten Hecebolius über Rhetorik besuchte.[33] Noch war der Prinz dem Christenthum getreu, aber die ganze Richtung seines im alten Hellenenthum lebenden Geistes erweckte bei Hecebolius die Ansicht, es dürfte einem heidnischen Sophisten nicht unmöglich sein, den Jüngling auf die Seite der antiken Religion hinüberzuziehen. Die christlichen Einflüsse, die in der Einsamkeit Macellums auf Julian gewirkt hatten, machten sich im Gewoge des hauptstädtischen Lebens und zumal bei den classischen Studien weniger geltend. Und doch verlangten politische Rücksichten gebieterisch, dass Julian dem Christenthum erhalten werde, damit nicht die heidnischen Kreise in ihm einen Mittelpunkt ihrer Reactionsbestrebungen fänden. Eigne Wächter beobachteten des Prinzen religiöse Haltung.[34] Hecebolius, im Grunde religiös indifferent, doch damals um des Kaisers Gnade willen eifriger Christ[35], suchte seinem Zuhörer Verachtung der Götter beizubringen.[36] Vielleicht hätte dies Bestreben noch Erfolg gehabt, wenn nicht schon nach einigen Monaten Julian den Unterricht des Hecebolius hätte verlassen müssen. Der Prinz lebte in Constantinopel als Privatmann, aber im Mittelpunkte des Reiches konnte er leicht die Volksgunst, deren er

ephesinischen Aufenthalt aber schliesst Sokrates, der hier von Sozomenus benutzt wird, 3, 1 direct an den Soldatenaufstand 337 an. Nun hat Soz. den dem Sokrates unbekannten Bericht über den Aufenthalt in Macellum einfach nach Sokrates' Bericht über den Soldatentumult eingeschoben und nur das Unterrichtetwerden des Gallus in Ephesus (bei Sokr. in ein Verweilen daselbst abgeändert. Wir haben uns natürlich an Sokrates als den Originalschriftsteller zu halten, und da von einem Unterrichtetwerden des Gallus um 350 nicht mehr die Rede sein kann, so kann von einem ephesinischen Aufenthalt desselben nur vor der Verbannung nach Macellum, nicht aber nach der Entlassung von dort gesprochen werden. Ausser allen Zweifel wird dies Resultat durch Julian selbst gestellt, welcher ad Ath. p. 272 A berichtet, Gallus sei sofort (εὐθὺς) vom Lande an den Hof gekommen.

[33] Sokr. 3,1.
[34] Eun. Vita Maximi.
[35] Sokr. 3,1.
[36] Libanius R. I, p. 526.

sich jetzt schon zu erfreuen begann, zum Schaden des Constantius gebranchen. So fürchtete wenigstens der Letztere, dessen schlechtes Gewissen Julian gegenüber nicht zum Schweigen gebracht war. Demnach erging ein Befehl an Julian, seine Studien in Constantinopel abzubrechen und nach Nicomedien in Bithynien sich zu begeben.[37]) Mit Sorgen sah Hecebolius den Prinzen in diejenige Stadt ziehn, wo damals der gefeierte Rhetor Libanius, der den Göttern treu geblieben war, lebte und lehrte. Er nahm seinem bisherigen Schüler das Versprechen ab, diesen Sophisten nicht zu hören[38]); möglich ist, dass er auch einen kaiserlichen Befehl in dieser Hinsicht erwirkte.[39]) So fuhr denn Julian über den Bosporus hinüber nach Asien; es war die verhängnissvollste Fahrt seines Lebens. Sie führte ihn in die Arme polytheistischer Lehrer, und nicht lange dauerte es, bis Julian zu den Göttern seiner Philosophen und Dichter zu beten begann.

[37]) Lib. R. I, p. 527. Sokr. 3,1. — Eun. V. M. erzählt, die unwissenden christlichen Eunuchen hätten sich vor den Fragen Julians nicht zu retten gewusst und ihm deshalb die Erlaubniss ausgewirkt, nach Nicomedien zu gehen. Mücke findet dies durchaus glaubwürdig (S. 24); uns erscheint diese Angabe doch sehr verdächtig. Libanius weiss von solchen Vorkommnissen nichts, auch befand sich Julian nicht in der Schule von Eunuchen, sondern im Hörsaal des Hecebolius. Und würden christliche Lehrer wohl darauf gedrungen haben, Julian in die Nähe des heidnischen Rhetors Libanius zu bringen? — Der von uns adoptirte viel ältere Bericht des Libanius erweckt hingegen auch nicht den geringsten Verdacht. Teuffel (a. a. O. S. 146 ff.) ist der Ansicht, dass nur der erste, nicht aber der zweite Aufenthalt Julians in Constantinopel durch den Verdacht des Kaisers ein Ende nahm. Er adoptirt somit ebenfalls die Darstellung Eunaps und meint, Libanius und Sokrates hätten, da sie die Verbannung nach Macellum nicht kennen, die Motive derselben (woher sollen sie aber diese gekannt haben?) auf das Ende des zweiten constantinop. Aufenthalts übertragen. Dann soll Sozomenus diese Angabe seiner Vorgänger adoptirt haben und so zum Bericht einer zweimaligen Verbannung aus der Hauptstadt gekommen sein. — Diese künstelnde Annahme Teuffels widerstreitet den Quellen, deren Bericht nichts Unerklärliches oder auch nur Verdächtiges aufweist. Warum soll wohl der vierzehnjährige Knabe verdachterregend gewesen sein, der zwanzigjährige Jüngling dagegen nicht? Ferner konnte Libanius, der mit Julian in Nicomedien lebte, doch kaum von einer Verbannung reden, wenn ein freiwilliger Schritt den Prinzen nach Bithynien geführt hatte.

[38]) Lib. R. I, p. 527.

[39]) Sokr. 3,1.

3. Julians Uebertritt zum Hellenismus.

In Nicomedien blühte zu Julians Studienzeit noch ein Schimmer der Mantik, wie Libanius sich ausdrückt. [1]) So kam Julian zum ersten Mal in Kreise, welche die Sehergabe achteten und denen die Götter lebendige, in Weissagungen sich offenbarende Gestalten waren. Der persönliche Verkehr jedoch mit dem Mittelpunkt dieser Kreise, dem Leiter der Rhetorenschule, blieb ihm verschlossen. Nicht als hätte er das dem Hecebolius gegebene Versprechen für zu heilig gehalten, aber dasselbe brechen und die Vorträge des Libanius hören hiess Gefahren von Constantius her heraufbeschwören; so begnügte sich denn Julian mit dem schlau entdeckten Ausweg, die wörtlich nachgeschriebenen Reden des Libanius sich regelmässig für Geld zu verschaffen. [2])

Während dieser Zeit reiste Gallus durch Nicodemien, um im Auftrag des Kaisers die Leitung der Staatsangelegenheiten im Orient in die Hand zu nehmen. Julian traf mit dem neu ernannten Caesar zusammen [3]), aber des Bruders Glück weckte in ihm kein Verlangen nach einer ähnlichen Stellung, ihm schwebte vielmehr der Ruhm eines Philosophen als das köstlichste Ziel vor, und eifrig studirte er, um zu diesem Ziel zu gelangen. [4]) Sein Eifer für die Philosophie nun blieb denen nicht lange verborgen, welche damals sich als die eigentlichen Träger derselben betrachteten, den kleinasiatischen Neuplatonikern, und sie setzten Alles daran, den hochgebornen Jüngling an ihre aus Vernunft und Aberglauben bunt zusammengesetzte Lehre zu fesseln. Zwar ist es nicht sicher bezeugt, dass der geistige Führer der Neuplatoniker, Maximus, den Prinzen in Nicomedien aufgesucht habe [5]), jedenfalls aber

---

[1]) Lib. Prosphon. Reiske I, p. 408.

[2]) Lib. Epit. Reiske I, p. 527.

[3]) Lib. Epit. Reiske I, p. 527. — Amm. 15,2,7 lässt diese Zusammenkunft in Constantinopel erfolgen, doch ist Libanius, der damals selbst in Nicomedien lebte, ein besserer Zeuge. Ihm hat sich auch Sokr. 3,1 angeschlossen.

[4]) Lib. Epit. Reiske I, p. 527.

[5]) Dies berichtet Sokr. 3,1, doch geräth er dadurch, dass er Julian auch ferner noch in Nicomedien verweilen lässt, in Widerspruch mit

ist der Letztere dem greisen ephesinischen Philosophen durch
dessen Gesinnungsgenossen zugeführt worden. Eunapius hat
uns eine wohl etwas ausgeschmückte Schilderung davon gegeben, wie Julian nach Abbruch seiner Studien in Nicomedien
sich nach Pergamus verfügt und nun gleichsam von Hand
zu Hand geht. Der Sophist Aedesius weist ihn gleich anfangs
an den Maximus, daneben an seine pergamenischen Schüler
Eusebius und Chrysanthius. Julian bleibt zunächst bei den
Letzteren, bis er, ihrer dringenden Aufforderung folgend,
nach Ephesus eilt. [6]) Dort hat Maximus, wie als sicher
feststehend angenommen werden darf, den Uebertritt Julians
zum Heidenthum herbeigeführt [7]), und zwar im Jahr 351. [8])

Blicken wir zurück auf die bisher von uns beobachtete
Entwicklung Julians, so finden wir bestätigt, was Ammian
über seinen gefeierten Feldherrn berichtet, dass er von den
ersten Zeiten seiner Jugend an sich zum Cultus der Götter hin-
zuneigen begonnen habe. [9]) Fragen wir uns aber nach dem
treibenden Motiv dieser Hinneigung, so finden wir nicht etwa,
dass religiöse Gemüthsbewegungen den Prinzen keine Be-
friedigung im Christenthume finden liessen, sondern dass die
Verehrung der hellenischen Philosophie, die Anerkennung der
Lehren des Plato und Aristoteles ein sich Verschliessen gegen
ihre theologischen Anschauungen immer schwieriger machte.

Gregor und Libanius. Jedenfalls irrt Sokr., wenn er den Uebertritt
Julians statt in Asien, schon in Nicomedien stattfinden lässt. Eunap Vit.
Max., Liban. Prosphon. Reiske I, p. 408. Greg. Naz. III, p. 61 D sprechen
entschieden dagegen, ebenso wie gegen Teuffels Annahme, Julian sei
dauernd in Nicomedien geblieben und habe nur gelegentlich Reisen in die
Umgegend gemacht (S. 152).

[6]) S. Eunap Vit. Max.; die Unglaubwürdigkeit dieses Berichts ist von
Teuffel treffend charakterisirt (S. 151).

[7]) Liban. Prosph. Reiske I, p. 408 sagt, Julian sei in Jonien von*
einem grossen Philosophen für's Heidenthum gewonnen worden. Dieser
Philosoph ist aber nach Eunap, Sokr. und Soz. Maximus.

[8]) Der im Jahre 331 geborene Julian schreibt in ep. 51, die gegen
Ende des Jahres 362 entstanden ist, er sei zwanzig Jahre Christ gewesen
und nunmehr schon über elf Jahre Heide. Dies führt zwingend darauf,
Julians Uebertritt in's Jahr 351 zu verlegen.

[9]) Amm. 22,5,1.

Hinzu kam, dass Julian, wenn er die Rollen der philosophischen Schriften aus der Hand legte, in der Bibel und den
auf sie gestützten dogmatischen Schriften der Christen Manches
fand, was ihm gar zu unphilosophisch erscheinen musste. [10])
Nun traten die heidnischen Neuplatoniker dem Prinzen entgegen; ihr Evangelium war die platonische Götter- und Seelen-
lehre, und die tiefsinnige Anschauung, dass des Menschen Seele
ihre Heimat nicht auf der Erde, nicht in der Welt der Materie,
sondern in reineren Sphären habe, und dass sie deshalb nach
ihrem höheren Ursprungsort sich zurücksehne und zurückstrebe,
fand in Julians Brust freudige Aufnahme. Die rationalisirten
Göttergestalten, von denen trotz all' ihrer Verflüchtigung gesagt
ward, dass sie nahe bei den Menschen weilten, ihre Opfer sich
gefallen liessen, durch Orakel zum Seher, durch die Eingeweide
der Opferthiere zum Priester redeten und ihre Lieblinge im
Erdendasein beschützten, gewannen Leben im Herzen des
phantasievollen Jünglings. [11]) Und wie Vieles zeigten ihm jetzt
die neuen Freunde an den christlichen Gegnern, was den
Spott, ja die Verachtung herauszufordern schien! Seit den
Zeiten Marc Aurels, in denen Celsus sein „Wahres Wort" gegen
das Christenthum in's Feld geführt hat [12]), waren die heidnischen Philosophen nicht unthätig geblieben, hatten die Lehren

---

[10]) Mücke hat viel Gewicht darauf gelegt, dass Julian das Christenthum gerade in der rationalisirenden Form des Arianismus kennen
gelernt habe. Abgesehen nun davon, dass nicht der strenge Arianismus,
sondern die eusebianische Mittelpartei am Hofe und somit auch bei der
Erziehung Julians herrschte, so ist ausserdem zu betonen, dass die spätere
polemische Schrift Julians durchaus nicht besonders die Arianer, sondern
die ganze Christenheit und namentlich die Homousianer angreift. Ob sich
der Prinz der wahren Lehre Jesu geneigter gezeigt haben würde, ist eine
müssige Frage, denn wo hätte er jene Lehre in seiner Zeit finden sollen?
Ganz bestimmt nicht bei Athanasius, den Mücke (S. 69) freilich für den
Vorkämpfer der wahren Lehre Jesu hält. Nicht nur die historisch-kri-
tische Theologie des neunzehnten Jahrhunderts, sondern gerade auch Julian
hat zwischen dem Christusbilde der ältern neutestamentlichen Schriften
und dem „Gott aus Gott" des nicänischen Symbolums einen grossen Unterschied wahrgenommen (s. Jul. bei Cyrill. S. 327 A u. öfter).

[11]) Liban. Epit. Reiske I, p. 528.

[12]) Die Fragmente des Celsus hat Keim neuerdings herausgegeben.

der christlichen Zeitgenossen angegriffen und zum Theil mit
ganz glücklichen Argumenten bekämpft. Auch Julian hat uns
in seiner Streitschrift eine lange Reihe von philosophischen und
historisch-kritischen Einwendungen gegen das Christenthum
gegeben, und wenn auch manche dieser Angriffswaffen von
ihm erst hervorgeholt sein mögen, so ist doch sicher, dass er
die ganze Kampfesart von Andern, von seinen philosophischen
Freunden, gelernt hat. Aber nicht nur gegen die Lehre der
Christen, auch gegen ihr Leben wusste man in Julian Wider-
willen zu erregen. Zwar jene furchtbaren, auf Menschenopfer
und geschlechtliche Ausschreitungen gerichteten Anklagen der
ersten Jahrhunderte, die nur so lange geglaubt werden konnten,
als die christlichen Gottesdienste in tiefer Verborgenheit gehalten wurden, sind damals verstummt, aber der Spott der
Heiden richtete sich gegen die unendliche Streitsucht im gegne-
rischen Lager, welche grade in jener Zeit zu wildem Verfol-
gungseifer ausgeartet war. Es kam dazu, dass dieser Ver-
folgungseifer seine Opfer nicht nur unter christlichen Häretikern,
sondern auch unter den Hellenisten suchte. Im Verborgenen
sah Julian die Freunde der Götter ihre Opfer verrichten, die
Tempel waren im Namen des Christengottes durch den Gebieter
des Reiches zerstört. Ganz denselben Mann hatte Julian als
den Zerstörer seines Lebensglückes zu betrachten; je mehr er
ihm aus diesem Grunde grollte, desto geneigter war er, ihm
auch in seinen andern Thaten schreiendes Unrecht beizumessen,
und desto mehr musste er sich an die Seite der übrigen durch
Constantius Geschädigten gedrängt fühlen.

Julians Uebertritt zum Heidenthum [13]) haben wir uns zu-

---

[13]) Wir sprechen von einem Uebertritt Julians vom Christenthum zum Hellenismus, selbst für den Fall, dass Mücke (S. 70—71) Recht
hat zu behaupten, es lasse sich aus dem Schweigen sämmtlicher Quellen
über eine Taufe Julians die Folgerung ziehen, dass er die Taufe nicht
empfangen habe. Wir haben dem gegenüber allerdings das Bedenken,
dass der Prinz doch wohl getauft sein musste, um als Lector bei den
Gottesdiensten aufzutreten, und dann würde wohl auch gegen einen Un-
getauften, einen Katechumenen das Geschrei über Apostasie und Verrath
weniger heftig erhoben worden sein. Dennoch hat Mückes Argument viel Einleuchtendes, desto weniger jedoch die weitere Folgerung, die er aus ihm
zieht. Zugegeben, dass vom kirchenrechtlichen Standpunkt aus erst die

nächst nicht mit irgend einer Förmlichkeit verknüpft zu denken;
der Prinz begann nur an den heimlichen Opfern und Augurien
der ephesinischen Heiden Theil zu nehmen. Aeusserlich wusste
er seinen Religionswechsel klug zu verheimlichen und geberdete
sich nach wie vor als eifrigen Anhänger des Christenthums. [14])
Es ist nicht unwahrscheinlich, dass Julian sein früher erhaltenes
Lectorenamt bei den christlichen Gottesdiensten auch ferner
noch ausübte, und dass er geflissentlich ein mönchisches Leben
führte [15]), wenn nicht das Letztere weniger Erheuchelung kirch-
licher Gesinnung, wofür es bei den Christen galt, als Ausdruck
neuplatonischer Ascese war. Zu diesem vom streng mora-
lischen Standpunkt aus zu verurtheilenden Verfahren drängte
Julian die Furcht vor Constantius. [16]) War er bisher schon
stets der Gefahr ausgesetzt gewesen, von dem argwöhnischen
Kaiser zum Hochverräther gestempelt zu werden, wie viel mehr
musste das jetzt der Fall sein, wenn es bekannt wurde, dass
er zu geschworenen Gegnern des Constantius, die in diesem
den Tempelschänder verabscheuten, sich hielt. Als Julian
Kaiser geworden war, erinnerte er den Philosophen Themistius
nicht ohne Ursache daran, wie er von seinen Verwandten be-
droht worden sei, als er sich in die Schulen der heidnischen
Sophisten begab. [17]) Allerdings wurde aber auch den Gedanken
des Prinzen durch den Anschluss an eine Religionspartei, die
all' ihre Hoffnung auf einem Thronwechsel setzte, bald eine für
Constantius nicht ungefährliche Richtung gegeben. Julian begann sich mehr und mehr in die Rolle eines Wiederherstellers
des alten Cultus hineinzudenken, vielleicht mehr den Aufforderungen seiner Gesinnungsgenossen nachgebend, als eignem
Antriebe folgend. Libanius deutet uns an [18]), dass Julian nach

Taufe den Menschen zum Christen mache, so ist doch Julian durch seine
christliche Erziehung, durch sein Kirchenamt factisch zum Christen geworden. Er wählte in Ephesus nicht unter zwei ihm gleich nahe liegenden Religionen die eine aus, sondern er verliess die Religionsgemeinschaft,
der er seit seiner Geburt angehörte, um in eine neue einzutreten.

[14]) Lib. Epit. R. I, p. 528.
[15]) Sokr. 3,1 — Soz. 5,2.
[16]) Amm. 22, 5,1.
[17]) Jul. ad Them. p. 259 B.
[18]) Lib. Epit. R. I, p. 529.

dem Throne zu streben begann, zwar nicht aus Herrschbegierde, sondern um den Hellenismus zu restituiren, und an andrer Stelle [19]) spricht er sich klar dahin aus, dass Julian Göttern und Menschen für den Fall seiner Regierung Versprechungen hinsichtlich der Götter gemacht habe.

Für die nächste Zukunft freilich war an eine Schilderhebung gegen den christlichen Kaiser durchaus nicht zu denken, weit eher an ein ruhmloses Ende des jungen Julian. Im Jahre 354 erfolgte auf Constantius' Befehl die Hinrichtung des Gallus, der in Antiochien viele Grausamkeiten und Uebergriffe begangen hatte. Julian war in keinem nähern Verkehr mit seinem Bruder gewesen, nur selten hatte er ihm einen Brief geringfügigen Inhalts gesandt [20]), dennoch wurde er festgenommen und als Gefangener an den Hof nach Norditalien gebracht. [21]) Die gegen den Prinzen erhobenen Anklagen lassen sich nicht genau angeben [22]) — sein Heidenthum war damals jedenfalls noch unentdeckt. Julian rühmt sich [23]), in dieser Zeit der Gefahr dem Themistius Briefe geschrieben zu haben, die ohne Klagen waren; die Stimmung eines Philosophen verliess ihn auch damals nicht. Sieben Monate lang wurde er gefangen gehalten, bis ihm der Einfluss der Kaiserin Eusebia, die dem unglücklichen Prinzen Mitleid, vielleicht auch Liebe entgegenbrachte, Gelegenheit verschaffte, sich vor Constantius zu rechtfertigen, und dann die Erlaubniss erwirkte, zu seinen Studien zurückzukehren. [24]) Durch Pannonien reiste

---

[19]) Lib. Epit. R. I, p. 565.

[20]) Jul. ad. Ath. p. 273 A.

[21]) Jul. ad. Ath. p. 272 D; Lib. Epit. R. I, p. 530.

[22]) Amm. 15, 2, 7 erzählt uns, Julian sei angeklagt worden, weil er ohne Erlaubniss von Macellum zum Studium nach Asien gegangen sei, und weil er seinen durch Constantinopel reisenden Bruder gesehen habe. Letztere nach Libanius (vergl. Anm. 3) zu berichtigende Angabe ist wahrscheinlich, dagegen ist erstere höchst anstössig, wenn wir nicht annehmen wollen, dass Ammian Macellum mit Nicomedien verwechselt hat. Der Aufenthalt in Macellum war bereits vor vier oder fünf Jahren und jedenfalls mit Bewilligung des Kaisers zu Ende gegangen, ferner liegt zwischen dem Verlassen Macellums und der Reise nach Asien der Aufenthalt zu Constantinopel, den Ammian ganz verschwiegen hat.

[23]) Jul. ad. Them. p. 260 A.

[24]) Jul. ad. Ath. p. 272 D. Or. 3, p. 118 B; ad. Ath. 274 A.

3*

Julian nach Bithynien, wo er sich auf das Erbe seiner Mutter zurückzog, da die Güter des Vaters sämmtlich confiscirt waren. [25]) Freudig sandte er dem gefeierten Philosophen Jamblichus seinen Gruss, sowie er asiatischen Boden betreten hatte. [26])

Die Freude, der Nähe des Hofes glücklich entronnen zu sein, dauerte indess nur sehr kurze Zeit. Julian erhielt eine zweite Vorforderung, veranlasst durch den Verdacht des Constantius, dass sein Vetter an einer zu Sirmium in Pannonien von einigen Offizieren angeblich begangenen Majestätsbeleidigung betheiligt sei. [27]) Als Julian auf dieser zweiten Reise nach Italien sich befand, traf ihn die Weisung, sich nach Athen zu begeben, um dort seine Studien fortzusetzen. [28]) In seiner Abwesenheit war Eusebia für ihn thätig gewesen, und durch Auswirkung dieser Erlaubniss erwarb sie sich den ganz besondern Dank ihres Schützlings. [29]) Derselbe hatte schon lange den Wunsch gehegt, Griechenland kennen zu lernen, war es doch die Heimat der Philosophie von Alters her. Wie nach dem Glauben der Aegypter die Nilquellen nie versiegen könnten, so sei, sagte Julian, auch die Philosophie unlöslich an Griechenland gefesselt. [30]) Der Prinz benutzte seinen ersten und einzigen Aufenthalt in Athen zu ernstem Studium. [31]) Libanius

---

[25]) Jul. ad. Ath. 273 B; ep. 40. — Ammian 15, 2,8 und Libanius Epit. R. I, p. 531 berichten hingegen, dass Julian von Italien nach Athen gegangen sei; Libanius fügt schwungvoll in seinen Bericht ein, Julian habe die Wahl des Aufenthaltsortes gehabt, aber Jonien und seine dortigen Besitzungen verschmäht, um nach Athen, dem Auge des Erdkreises, kommen zu können. Dem authentischen Bericht Julians gegenüber müssen diese Ausführungen als ungenau bezeichnet werden. Teuffel (S. 154) nimmt an, Julian sei nach Constantinopel entlassen, unterwegs aber nach Griechenland beordert worden. Dem widerspricht ebenfalls die Angabe Julians selbst.

[26]) Jul. ep. 40.

[27]) Jul. ad. Ath. p. 273 C—D.

[28]) Jul. ad. Ath. p. 273 D, Or. 3, p. 118 C.

[29]) Jul. Or. 3, p. 118 D.

[30]) Jul. Or. 3, p. 119 A ff.

[31]) Von neuern Bearbeitern nimmt Mücke einen doppelten Aufenthalt Julians in Athen an, wie vor ihm schon der Verfasser des Aufsatzes über Julian in Hilgenfelds Zeitschrift. Danach soll ein längeres Verweilen zu Studienzwecken vor der ersten Berufung nach Italien stattgefunden haben,

weiss uns zu erzählen, dass Julian eine angesehene Stellung in den athenischen Gelehrtenkreisen eingenommen habe und mehr als Lehrender denn als Lernender betrachtet worden sei.[32]) Unter seinen Studiengenossen befanden sich die spätern Bischöfe Basilius, Gregor von Nyssa und Gregor von Nazianz. Letzt-

---

ein zweiter kürzerer Aufenthalt nach dieser Berufung. Neander nimmt ebenfalls ein doppeltes Verweilen in Athen an, doch füllt er damit die Zwischenräume zwischen den drei Reisen des Prinzen nach Italien, welche er merkwürdiger Weise aus den Quellen herausliest, aus. Wenn wir also die Zahl jener Reisen von drei auf zwei reduciren, so haben wir gegen Neander nicht weiter zu polemisiren. Wiggers, Teuffel und Richter nehmen wie wir nur einen athenischen Aufenthalt an. Der Sachverhalt ist kurz folgender. Julian schreibt ad. Them. p. 260 A: ἀπιὼν εἰς τὴν Ἑλλάδα πάλιν, nämlich nach der ersten Vorforderung. Dies hat man übersetzt: „Als ich zum zweiten Mal nach Griechenland kam." Wenige Zeilen vorher bezeichnet Julian jedoch die angebliche zweite Reise als ἡ εἰς τὴν Ἑλλάδα διαγενομένη ἡμῖν ἄφιξις, „meine verflossene Ankunft in Griechenland." Dadurch wird doch offenbar die Annahme eines doppelten Aufenthaltes schon sehr fraglich. Unser Resultat begründet aufs Ueberzeugendste Jul. Or. 3, p. 118 D, wo der Kaiser ausführt, es sei ihm nach dem ersten Aufenthalt in Italien der lange (πάλαι) gehegte Wunsch erfüllt worden, Griechenland zu sehen. Wenn er bereits längere Zeit in Athen zugebracht hätte, und der dortige Aufenthalt nur durch die Reise nach Italien unterbrochen wäre, hätte Julian jene Worte nicht schreiben können. Libanius (Epit. R. I, p. 530 f.) zeigt deutlich, dass Julian in Jonien, nicht in Athen verhaftet wurde; er weiss nur von einem Aufenthalt in letzterer Stadt, und zwar vor Julians Ernennung zum Cäsar. Gregor, der Studiengenosse Julians in Athen, berichtet, der Prinz sei nach Gallus' Tod mit Erlaubniss des Constantius (also nach Auseinandersetzung mit Letzterem) zum Studiren nach Athen gekommen (Or. 4, p. 121 D) Eunap (V. Max.) freilich schliesst Julians Weilen in Athen direct an das Zusammensein mit Maximus in Ephesus an, aber er lässt es auch erst mit Julians Erhebung zum Cäsar enden. Die Analogie der vorher betrachteten Quellen veranlasst uns, den Schnitt, der nothwendig irgendwo die Erzählung Eunaps zu trennen hat, vor der Schilderung des Aufenthalts in Athen zu vollziehen. — Ist nach Allem die Annahme eines doppelten Aufenthalts Julians in Athen haltlos, so muss man auch dem Wort πάλιν in der Stelle Jul. ad. Them. p. 260 A eine andre Beziehung geben. Dieselbe ist leicht zu finden. Julian will sagen: „Als ich wieder fortgegangen war (nämlich vom Hofe), und zwar nach Griechenland." Die andre Auffassung der Stelle ist jedenfalls leichter, aber der Hinblick auf das übrige Quellenmaterial fordert ihre Ablehnung.

[32]) Lib. Epit. R. I, p. 532.

genannter [33]) will schon damals in dem Prinzen den Apostaten
erkannt haben: vielleicht mochte dessen Religionswechsel dem
mit den heidnischen Sophisten verkehrenden jungen Cappadocier verrathen worden sein, möglicherweise jedoch liegt dieser
Notiz Gregors auch eine trügerische Erinnerung zu Grunde. Julian
hat in Athen seinen Göttercult eifrig fortgesetzt und daselbst
seinen Uebertritt zum Hellenismus dadurch besiegelt, dass er
sich durch den Hierophanten feierlich in die eleusinischen
Mysterien einweihen liess. [34]) Gerade diese Mysterien trugen
viel dazu bei, dass Julian für Griechenland stets eine besondere
Liebe bewahrte. [35]) Die schon von Gregor [36]) gläubig auf-
genommene christliche Ueberlieferung weiss zu erzählen, Julian
habe, durch die vom Hierophanten hervorgerufenen Götter-
erscheinungen in Schrecken gesetzt, das Zeichen des Kreuzes
geschlagen und dadurch die unheimlichen Gestalten verscheucht,
worauf der Hierophant das Verschwinden der Götter als Aeusse-
rung ihres Zorns über Julian's Unglauben bezeichnet habe; in
Wahrheit aber sei das Ereigniss der letzte Versuch Gottes
gewesen, den Prinzen vor dem Abfall zum Heidenthum zu
retten. Von der Geschichtlichkeit dieser Wundererzählung
kann keine Rede sein, auch deshalb nicht, weil solch' ein Vorgang kaum hätte den Christen zu Ohren kommen können. Wir
haben es mit einer Sage zu thun, die aber nicht ohne tiefern
Sinn ist. Trotzdem sich dem Prinzen fast unwiderstehlich
der Eindruck aufdrängen musste, dass der Religion des Kreuzes
gegenüber die hellenischen Götter haltlose Schatten geworden
seien, gab er sich dennoch immer mehr dem Glauben hin, die
Olympier seien noch lebensvolle, schöne Gestalten, die ihrer
baldigen Erweckung aus kurzem Schlummer harrten — er
hatte kein Verständniss für die Zeichen der Zeit.

4. Julians religiöse Stellung als Mitregent des Constantius.

Nur kurz war die Zeit, welche Julian in glücklicher
Zurückgezogenheit zu Athen verbringen konnte. Schon nach

---

[33]) Gregor Or. 4, p. 121 D.
[34]) Eun. V. Max.
[35]) Lib. pro Aristophane R. I, p. 433.
[36]) Gregor Or. 3, p. 71 B ff., Sozom. 5, 2.

wenigen Monaten [1]) erging an ihn die Weisung, nach Italien aufzubrechen und sich am Kaiserhofe einzustellen [2]), eine Weisung, der er nur sehr ungern gehorchte. Unter Thränen und Klagen streckte er seine Hände flehend gegen die Acropolis aus und bat die göttliche Schirmerin Athens um ihren Beistand in den Bedrängnissen, denen er abermals entgegenzugehen glaubte. [3]) Julian reiste zunächst nordwärts; am Hellespont in Neuilium machte er Rast und besuchte unter dem Vorwand, die Merkwürdigkeiten der Stadt zu beschen, die geschlossenen Tempel. Sein Führer war der christliche Bischof Pegasius, der zum freudigen Erstaunen des erlauchten Reisenden durch Unterlassung der Bekreuzigung in den Tempeln ziemlich offenkundige heidnische Sympathieen zeigte. [4]) Als der Prinz in Mailand ankam, war Constantius abwesend, aber die Kaiserin Eusebia liess ihn durch ihre Eunuchen freundlich begrüssen.[5]) Julian wollte hierauf in einem Briefe antworten, worin er die Kaiserin beschwor, ihm die Erlaubniss zur Rückkehr auszuwirken. Eine Göttererscheinung im Traum bewog den Prinzen jedoch, diesen Brief nicht abzusenden, vielmehr von nun an sich bei dem Kaiser beliebt zu machen; die Götter forderten ihn auf, seine Sache ganz ihrer Führung anzuvertrauen. [6]) Nun

---

[1]) Um den Zeitraum des athenischen Aufenthaltes zu bestimmen, bieten sich folgende Anhaltepunkte. Gallus' Ermordung und damit gleichzeitig die Verhaftung Julians erfolgte Ende 354; sieben Monate später wurd Julian nach Jonien entlassen, sehr kurze Zeit darauf nach Athen geschickt, also haben wir sein Eintreffen in dieser Stadt in die Mitte des Jahres 355 zu verlegen. Am 6. Nov. desselben Jahres erfolgte Julians Ernennung zum Cäsar, vorher aber war er einige Wochen in Mailand gewesen. Danach umfasste Julians Aufenthalt in Athen eine Zeit von nicht mehr als etwa drei Monaten. — Dies Resultat wird bestätigt durch Jul. ad. Ath. p. 273 D, wonach der Prinz eine kleine Zeit ($\mu\iota\varkappa\varrho\acute{o}\nu$) in Griechenland zugebracht haben will.

[2]) Jul. ad. Ath. p. 274 A.

[3]) Jul. ad. Ath. p. 275 A. — Mücke (S. 30) verlegt diese Gebete gegen den Zusammenhang der Worte Julians nach Mailand. Ist es aber schon merkwürdig, dass, wie Mücke berichtet, Julian von Mailand aus seine Hände gegen die Cecropia ausgestreckt habe, so ist doch ganz unbegreiflich, wie Julian dann schreiben kann, dass Viele der Athener gesehen hätten, wie er die Hände zu ihrer Burg erhoben habe.

[4]) S. den Brief Julians im Hermes, IX.

[5]) Jul. ad. Ath. p. 274 B—C, 275 B.

[6]) Jul. ad. Ath. p. 275 C—276 D.

glaubte Julian ein sicheres Zeichen zu besitzen, dass er unter dem besondern Schutze der Götter und namentlich der Athene stehe. [7]) Als bald nach jener Begrüssung durch Eusebia der Kaiser wieder in's Hoflager zurückkehrte, wurde Julian in die Umgebung seines Vetters berufen. [8]) Er fühlte sich dort nicht behaglich, und das ganze Auftreten des jungen Philosophen forderte den Spott der formgewandten Höflinge heraus. [9]) Aber nicht lange hatte er diesen Spott zu ertragen, da Constantius bald den folgenschweren Schritt that, ihn, seinen letzten noch lebenden Verwandten zu seinem Cäsar, seinem Mitregenten, zu ernennen. Dieser Schritt ist nur durch die eifrigen Bemühungen der Kaiserin Eusebia zu erklären, denn sonst besass Julian am Hofe keinerlei Anhang. [10]) Am 6. November 355 empfing der Prinz vor versammeltem Heere angesichts der Kaiserstadt Mailand aus der Hand des Constantius das Abzeichen eines Cäsaren. [11]) Ihm wurde die Verwaltung Galliens und damit verbunden die Abwehr der germanischen Völker von den Grenzen dieser Provinz anvertraut. Nachdem er mit des Kaisers Schwester Helena vermählt worden war, reiste Julian am 1. December 355 ohne grosses Gefolge in sein neues Wirkungsgebiet ab. [12])

Während der fünf Jahre, welche Julian, fast in stetem siegreichen Kampfe gegen die andrängenden Franken und Alemannen begriffen, in seiner Provinz zubrachte, musste er seine

---

[7]) Jul. ad. Ath. p. 274 B.

[8]) Jul. ad. Ath. p. 274 C. — Mücke (S. 30) freilich will aus Julian p. 274 A herauslesen, dass er damals sechs Monate mit Constantius in derselben Stadt gelebt habe, bevor seine Erhebung zum Cäsar erfolgte. Es ist jedoch leicht zu erkennen, dass Julian p. 274 A von seinem ersten Aufenthalt in Italien redet. Er sagt dort Folgendes: „(Const.) rief mich wieder zu sich, nachdem er mich nur einmal in Cappadocien gesehen hatte und einmal in Italien auf Betreiben der Eusebia, obwohl ich sechs Monate lang (während der siebenmonatlichen Gefangenschaft) dieselbe Stadt mit ihm bewohnte, und er mir versprach, mich wiederzusehen.... Als ich damals (bei der zweiten Citirung) aus Griechenland angekommen war, begrüsste mich Eusebia. Als wenig später Constantius gekommen war, wurde mir für die Folge ($\lambda o\iota\pi\acute{o}v$) Zutritt zum Hofe gestattet."

[9]) Jul. ad. Ath. p. 274 D.

[10]) Zos. 3,1; Amm. 15, 8, 3.

[11]) Jul. ad. Ath. p. 277 A., Amm. 15, 8, 4—17.

[12]) Amm. 15, 8, 18.

religiösen Anschauungen eben so ängstlich verbergen, wie er bisher gezwungener Weise gethan hatte. Zwar soll schon bei seinem ersten Einzug von Italien her in die Stadt Vienne eine erblindete Greisin prophezeit haben, der Cäsar Julian werde die Tempel der Götter wiederherstellen [13]), aber in der nächsten Zeit hütete sich derselbe vor Allem, was nach einem Versuche dazu aussehen konnte. Constantius hatte seinem Vetter einen Hofstaat gegeben, den der Prinz mehr wie eine Wache ansehen musste. Er sah ein, dass er in all' seinen Unternehmungen belauert werde, und dass Constantius über sein Thun und Treiben stets unterrichtet sei. [14]) Von seiner frühern Dienerschaft hatte Julian nur mit Mühe zwei Knaben und zwei etwas ältere Sklaven, denen er vertrauen konnte, an den gallischen Cäsarenhof bringen können. Einer dieser Letztgenannten, welcher die Bibliothek seines Herrn verwaltete, war Mitwisser seiner heidnischen Gesinnung und unterstützte ihn bei seinen heimlichen Opfern und Augurien. [15]) Als diesen Vertrauten nennt uns Eunap einen Afrikaner Euemerus.[16]) Von all' den philosophischen Freunden, welche in Asien dem Prinzen nahe gestanden hatten, war nur ein einziger bei ihm in Gallien und zwar als sein Arzt [17]), und dieser, Oribasius, verdankte seine Zulassung zum Hofe einzig dem Umstande, dass seine Befreundung mit Julian unbekannt geblieben war. [18])

Der Prinz übte die Verstellungskunst meisterhaft; wenn wir seine damals entstandenen Lobreden auf Constantius und Eusebia überblicken, so vergessen wir fast, dass derselbe Mann, der hier den Kaiser als Retter seines Lebens und steten Wohlthäter feiert und von seinen Gebeten für ihn zu Gott spricht [19]), in Wahrheit den Letzteren verleugnete und den Ersteren von ganzem Herzen hasste.

Auch als im Jahre 360 der Wunsch der gallischen Truppen den bisherigen Cäsar veranlasste, sich den Titel Augustus bei-

---

[13]) Amm. 15, 8, 22.
[14]) Jul. ad. Ath. p. 277 A.
[15]) Jul. ad. Ath. p. 277 B.
[16]) Eun. V. Max.
[17]) Jul. ad. Ath. p. 277 C.
[18]) Eun. V. Max., V. Oribas, Jul. ad. Ath. p. 277 C.
[19]) Jul. Or. 3, p. 117 D ff., 118 D.

zulegen, blieb derselbe nach wie vor öffentlich Christ, und auch
jetzt noch waren nur Wenige Genossen seines geheimen Cults.
Es kam Julian darauf an, einen gütlichen Vergleich mit Constantius zu treffen, ein offenes Hervortreten als Heide hätte
aber jede Wiederannäherung an den christlichen Kaiser von
vornherein unmöglich gemacht. Zu der Rücksicht auf
Constantius kam noch die Furcht, durch offene Parteinahme
für den Hellenismus manche Anhänger zurückzustossen, die
in Constantius den tyrannischen Kaiser, vielleicht auch den
Schirmer des Arianismus hassten, aber doch keine Restitution
des alten Cultus wollten. [20]) Aus diesem Grunde nahm Julian
noch am öffentlichen Gottesdienst zur Feier des Epiphanias-
festes 361 Theil. [21]) Erst als der Krieg mit dem Kaiser, welcher seit dem kürzlich erfolgten Tode seiner Schwester Helena[22])
in Julian keinen nahen Angehörigen mehr zu erblicken hatte,
unvermeidlich war, als die Gesandten des Constantius dem
neuen Gegenkaiser zwar die Erhaltung des Lebens versprachen,
aber auf seine Forderungen bezüglich der von den Soldaten
ihm übertragenen Augustuswürde mit keinem Worte ein-
gingen [23]), erst in diesem Augenblicke bekannte sich Julian
offen als Heide. Ihm entfuhr damals der laute, allen Um-
stehenden hörbare Ausruf, er wolle sich lieber den Göttern als
den Worten des Constantius anvertrauen. [24]) Julian fühlte
sich zum Kriegszug gegen seinen Vetter durch den vermeintlichen Willen der Götter gezwungen, welche ihm für den Fall
des Kampfes Rettung versprachen, falls er jedoch in Gallien
blieb, ihm schlimmes Geschick weissagten. [25]) Nachdem er,
freilich noch nicht vor Aller Augen, der Bellona geopfert [26])
und seinen Truppen eine Rechtfertigung seines Handelns vorgetragen hatte, überschritt der neue Augustus die Grenzen der
ihm überwiesenen Provinz Gallien und trat nach Illyrien über.[27])

---

[20]) Amm. 21, 2, 4.
[21]) Amm. 21, 2, 5.
[22]) Amm. 21, 1, 5.
[23]) Jul. ad. Ath. p. 286 C.
[24]) Zos. 3, 9.
[25]) Jul. ep. 13; Amm. 22, 2, 2; Jul. ad. Ath. p. 287 B.
[26]) Amm. 22, 5, 1; Jul. ad. Ath. p. 286 D f.
[27]) Amm. 21, 5, 13.

Vor sich her sandte er Manifeste an die Lacedämonier, Corinther und Athener. [28]) Der Erlass an die Athener, der einzige, welcher uns erhalten ist, legt das Verhältniss Julians zu Constantius von Anfang an dar; der Schreibende zeigt sich hier ganz offen als Verehrer der Götter und setzt auch voraus, dass die Athener ihrer Göttin treu geblieben sind. [29]) Von Illyrien aus schrieb Julian in vertrauensvoller Stimmung seinem Lehrer Maximus, dass er öffentlich und privatim die Götter ehre; schon opfere er öffentlich Rinder und habe mit vielen Hecatomben den Göttern gedankt; und wie sich selbst, so schildert er auch die Mehrzahl seiner Truppen als Heiden. [30]) Sokrates erzählt [31]), dass Julian in den Städten, die er auf seinem Zuge berührte, die Tempel öffnen liess und heidnische Götterfeste veranstaltete, auch dass er den alten Imperatorentitel eines Pontifex maximus jetzt annahm. Während er sich so der Reichshauptstadt Constantinopel immer mehr näherte, starb im October 361 Kaiser Constantius, welcher auf dem Zug gegen seinen Vetter von Osten her bis nach Mopsucrene in Cilicien gekommen war, dort an einer Krankheit. [32]) Als Julian diese Kunde erhielt, fiel ihm eine schwere Sorge vom Herzen. Freudig schrieb er an den Bruder seiner Mutter [33]), dass er durch die Götter davon befreit sei, entweder das Aeusserste zu leiden, oder es an Constantius zu thun; niemals habe er gewünscht, den Kaiser zu tödten, immer vielmehr gehofft, dass ihm dieser Schritt erspart bleibe. [34])

Mag nun der sterbende Kaiser, wie Ammian, ohne für die Richtigkeit dieser Angabe bürgen zu wollen, mittheilt [35]),

[28]) Zos. 3, 10; Jul. ad. Ath. p. 287 D.
[29]) Jul. ad. Ath. p. 270 A etc.
[30]) Jul. ep. 38, p. 415 C.
[31]) Sokr. 3, 1. p. 167 D.
[32]) Amm. 21, 15, 3.
[33]) Jul. ep. 13.
[34]) Schon aus diesen Aeusserungen Julians einem Vertrauten gegenüber sehen wir, was davon zu halten ist, wenn Gregor or. 3, p. 68 B ausführt, Julian habe beim Tode des Constantius die Hand im Spiele gehabt. Auch theilt der Kirchenvater selbst dies immerhin unter einer gewissen Reserve mit, indem er hinzufügt ὡς ὁ ἀληθευόντων λόγος. Auch hier sind die Historiker Sokrates und Sozomenus Gregors beste Correctoren, indem sie diese Beschuldigung gänzlich ignoriren.
[35]) Amm. 21, 15, 2.

Julian als seinen Nachfolger bezeichnet haben oder nicht, jedenfalls machte dem letzten Sprossen des constantinischen Herrscherhauses Niemand den Thron streitig. Schon am 12. December 361 zog er unter dem Jubel des Volkes in die Reichshauptstadt ein [36]), um zunächst von dort aus die Regierungsgeschäfte
zu leiten. Als eine der wichtigsten Aufgaben, die seiner
harrten, betrachtete Julian die Verdrängung der christlichen
Kirche aus ihrer dermaligen Stellung im Reiche zu Gunsten
der alten Staatsreligion, welche ihren ehemaligen Glanz wieder
erlangen sollte.

Abschnitt II. Allgemeiner Charakter der Reaction.

5. Restitution und Reformation des Hellenismus.

Die Oeffnung der geschlossenen Tempel, welche Julian bei
seinem Einzug in Constantinopel für das ganze Reich an-
ordnete [1]), bildete den Anfang einer Reihe von Massregeln, die
eine äussere und innere Stärkung der hellenischen Religion
herbeiführen sollten. Wenn Julian an eine Zurückführung der
Christen zum alten Götterdienst denken wollte, so musste dieser
Cult etwas Anziehendes, Einladendes besitzen.

Zunächst liess Julian es sich angelegen sein, die Opfer
wieder in regelrechten Gang zu bringen. Er selbst opferte
eifrig zu Constantinopel im Hofe der Kaiserburg [2]), und über
seinen Göttercult zu Antiochien hat uns als Augenzeuge Libanius berichtet, dass er den Palast zum Tempel gemacht und
bei Sonnenaufgang und Sonnenuntergang den Göttern Spenden
dargebracht habe. [3]) Ammian weist darauf hin, dass der
Kaiser seinem Vorbilde Marc Aurel auch in diesem Punkte,
in der Menge der Stieropfer, ähnlich gewesen sei. [4]) Die Feier-

---

[36]) Zos. 3, 11; Amm. 22, 2, 4.
[1]) Amm. 22, 5, 2.
[2]) Sokr. 3, 11.
[3]) Lib. ad. Jul. Hyp. R. I, p. 394.
[4]) Amm. 25, 4, 17.

lichkeit der Gottesdienste sollte durch Gesang erhöht werden, und Julian gab seinem ägyptischen Präfecten den Befehl, die Ausbildung von Knaben zu Tempelsängern auf öffentliche Kosten zu veranlassen. [5]) Neben den allgemein zugänglichen Gottesdiensten erweckten auch die Mysterien Julians reges Interesse. Nach Constantius' Tod sandte er den Hierophanten mit reichen Geschenken zur Wiederaufnahme seiner Thätigkeit nach Eleusis. [6]) Selbstverständlich ist, dass die unter Constantius confiscirten Tempelschätze der Priesterschaft wieder ausgeliefert wurden, und dass die vielen in Trümmern liegenden Heiligthümer ihrer Wiederherstellung entgegengingen. [7])

Der Cultus der todten Götterbilder war ein Gegenstand des Spottes der Christen schon seit Langem gewesen. Es galt diesen Spott zurückzuweisen, und Julian versuchte dies, indem er nachdrücklich betonte, dass man in den Götterbildern nicht Holz und Stein anbete, sondern die Götter selbst, deren Sinnbilder man vor Augen habe. [8]) Zwar sollte nicht davon die Rede sein, dass die Götter der Verehrung bedürftig wären, dass sie ohne Opfer nicht existiren könnten, vielmehr erfolgte die dringende Empfehlung des Cults der Götterbilder deshalb, weil die Gunst der Götter dadurch herbeigezogen werde. [9]) Aber konnte man nicht die Verehrung der Olympier als etwas Eitles, die Letztern selbst als ohnmächtig hinstellen, wenn man daran erinnerte, wie die Tempel ungestraft beseitigt worden seien? Auch hiergegen weiss Julian sich und die Götter zu vertheidigen. [10]) Man soll nicht an denselben verzweifeln, wenn man ihre Cultusstätten darniederliegen sieht, eben so wenig wie man wegen der Tödtung eines guten Menschen diesen nicht mehr für gut halten würde.

Die Restitution des Hellenismus konnte nur dann erfolgreich betrieben werden, wenn man einen festen Mittelpunkt der Reactionspartei schuf, ähnlich wie bei den Christen der viel-

---

[5]) Jul. ep. 56.
[6]) Eun. V. Maximi.
[7]) Lib. Epit. R. I, p. 564.
[8]) Jul. Fragm. p. 294 B ff.
[9]) Jul. Fr. p. 293 C.
[10]) Jul. Fr. p. 295 A.

fach gegliederte Klerus mit den Bischöfen an der Spitze für den Zusammenhalt der Kirche eine sichere Garantie bot. Julian beschäftigte sich daher eingehend mit einer Neuordnung des hellenischen Priesterstandes. Wie wir gesehen haben, trat gleich den Kaisern der alten Zeit auch er wieder als Pontifex maximus auf; öfter betont er diese seine Würde [11]), und vielleicht hat nie ein römischer Herrscher es mit seiner Priesterstellung so ernst genommen wie gerade Julian. Er freute sich nicht weniger, wenn man in ihm den Oberpriester, als wenn man in ihm den Kaiser ehrte [12]), und ausdrücklich nimmt er für sich die Bezeichnung eines Sehers in Anspruch. [13])

An die Spitze der heidnischen Priesterschaft in den einzelnen Provinzen stellte Julian Oberpriester, denen er durch längere Schreiben seine Anforderungen an die Haltung ihrer Diöcesangeistlichkeit darzulegen pflegte. Drei dieser kaiserlichen Handschreiben sind uns noch erhalten, das eine seinem ganzen Umfang nach, die beiden andern in ausführlichen, zusammenhängenden Fragmenten. [14]) Julian will die Priester aus den besten Leuten jeder Stadt ausgewählt wissen, man soll keine Rücksicht auf Reichthum oder Armut der Betreffenden nehmen, wenn sie nur götterfreundlich und menschenfreundlich sich erweisen. Zeichen der Götterfreundlichkeit Jemandes aber ist es, wenn er seine Hausgenossenschaft streng zum Heidenthum anhält; die Menschenfreundlichkeit zeigt sich darin, dass man gegen die Bedürftigen wohlthätig ist, wenn auch nur durch kleine Gaben, so doch mit Freudigkeit. [15]) Wer wegen solcher Eigenschaften zum Priester erwählt worden ist, soll ein sitten-

---

[11]) Jul. Fr. p. 298 D.

[12]) Lib. ad. Jul. Hyp. R. I, p. 394.

[13]) Jul. ep. 29.

[14]) Es sind dies ep. 49 an den Oberpriester Galatiens, Arsacius, ep. 63 an den Oberpriester Asiens, Theodorus, endlich das sehr umfangreiche Bruchstück, welches Spanheim auf die Reden folgen lässt und Fragmentum orationis epistolaeve überschreibt. Ep. 49 stammt aus der spätern Regierungszeit Julians, ep. 63 aber muss bald nach seiner Thronbesteigung geschrieben sein. Dies Schreiben will dem neu ernannten Oberpriester von Asien vorläufig einige Instructionen geben und verheisst in nächster Zeit einen allgemeinen Erlass an alle Oberpriester. Vielleicht liegt ein Theil desselben uns im Fragmentum vor.

[15]) Jul. Fr. p. 305 A B.

strenges Leben führen und sich ganz seinem Berufe hingeben.
Er soll häufig, sei es öffentlich, sei es allein, zu den Göttern
beten, wo möglich dreimal des Tages, mindestens aber Morgens
und Abends, denn es ist unziemlich, dass ein Priester den Tag
oder die Nacht ohne Opfer verstreichen lasse. [16]) Während
der bestimmten Zeiten, in denen der einzelne Priester den täg-
lichen Dienst im Tempel zu verwalten hat, soll er die Grenzen
des Heiligthums nicht überschreiten, um nicht in Berührung
mit dem Treiben der Aussenwelt zu kommen, sondern sich
ruhigen, philosophischen Betrachtungen hingeben. [17]) Auch in
der Zeit, wo der Priester nicht seine Amtsgeschäfte verrichtet,
soll er eine gewisse Zurückhaltung beobachten. Er darf zwar
mit seinen Freunden verkehren, auch an Gastmählern Theil
nehmen, doch nicht bei Jedermann, sondern nur bei den
Besten. [18]) Seine Kleidung soll zwar während des Gottes-
dienstes prächtig, aber ausserhalb des Tempels einfach sein. [19])
Der Besuch der Theater und öffentlichen Schaustellungen mit
ihren dem Auge dargebotenen Unsittlichkeiten wird den Priestern
streng verboten, desgleichen der Besuch der Gasthäuser. [20])
Ascetisch soll der Priester der Götter aber nicht nur in seinen
Thaten, sondern auch in seinen Worten sein, und namentlich
soll er jeden Umgang meiden, der ihm Gelegenheit böte, Un-
ziemliches auch nur zu hören [21]), sowie jede Lectüre scheuen,
die ihm verderblich werden könnte. [22]) Philosophen wie Pytha-
goras, Plato, Aristoteles, Chrysipp und Zeno sollen den Priester
beschäftigen [23]), auch soll er die heiligen Hymnen lernen, die
in alter und neuer Zeit entstanden sind, vorzüglich diejenigen,
welche in den Tempeln gesungen werden. [24]) — Derjenige
Priester, welcher diesen Anforderungen nicht entspricht, soll
seines Amtes enthoben werden [25]), aber so lange er noch seine

---

[16]) Jul. Fr. p. 302 A,
[17]) Jul. Fr. p. 302 D.
[18]) Jul. Fr. p. 303 A.
[19]) Jul. Fr. p. 303 B ff.
[20]) Jul. Fr. p. 304 B—C, ep. 49 p. 430 B.
[21]) Jul. Fr. p. 300 C.
[22]) Jul. Fr. p. 300 C.
[23]) Jul. Fr. p. 300 D.
[24]) Jul. Fr. p. 301 D.
[25]) Jul. Fr. p. 297 A, ep. 49, p. 430 B.

gottesdienstlichen Functionen ausübt, soll er als heiligstes Be-
sitzthum der Götter mit Ehrfurcht und frommer Scheu behandelt
werden. [26]) Ein Priester, der einen Amtsbruder geschlagen
hatte, wurde als Tempelschänder durch ein kaiserliches
Schreiben auf drei Monate seines Amtes enthoben. [27]) Der
Priester sollte eben als Mittler zwischen Göttern und Menschen
noch mehr in Ehren stehen als ein weltlicher Beamter. [28])

Sehen wir schon in dieser Anschauung Julians über den
heidnischen Priesterstand Manches, was den Christen abgelauscht
ist, so macht Julian überhaupt kein Hehl daraus, dass er von
den Gegnern lernen und deren praktische Vorzüge in den Dienst
seiner Sache stellen wollte. Ausdrücklich wies er darauf hin,
dass die Armenpflege der Christen, die sich bisher sogar auf
bedürftige Heiden erstreckt habe, bei den hellenischen Priestern
Nachahmung finden müsse. [29]) Die christlichen Liebesmahle
werden als besondere Lockmittel für die Armen bezeichnet,
um sie für die Kirche zu gewinnen. [30]) Die von den Heiden ver-
nachlässigte Armenpflege ist aber auch eine Forderung der Götter,
was aus Homer erwiesen wird. [31]) Der Kaiser war in seinem
Eifer für heidnische Wohlthätigkeit sogar bereit, einen Theil
der Staatssteuern der Priesterschaft zu überlassen, damit diese
desto besser für die Armen zu sorgen vermöge. [32])

Alle diese Bemühungen um die Hebung des Hellenismus
mussten durch den Umstand unterstützt werden, dass es das
Staatsoberhaupt war, welches zur Rückkehr zu den alten
Göttern mahnte. Es war kaum mehr als natürlich, dass Julian
sich über die Städte, welche die Tempel unzerstört gelassen
hatten, freute, dass solche Gemeinden ihm grosser Wohlthaten
werth erschienen und von ihm grossen Nutzen hatten. [33]) Da
die Götter dem Kaiser als die Schützer des Reichs erschienen,
so meinte er nicht nur die Götter selbst, sondern auch die

---

[26]) Jul. Fr. p. 297 A.
[27]) Jul. ep. 62.
[28]) Jul. Fr. p. 296 B—C.
[29]) Jul. ep. 49, p. 430 C—D, Fr. p. 305 B—C.
[30]) Jul. Fr. p. 305 D.
[31]) Jul. ep. 49, p. 431 B—C.
[32]) Jul. ep. 49, p. 430 C.
[33]) Lib. Epit. R. I, p. 565.

göttertreuen Männer und Städte, um deren Willen die Götter dem Staat ihren Schutz gewährten, ehren zu müssen. [34]) Julian fand allerdings die meisten nicht zum Christenthum Uebergetretenen religiös sehr indifferent und wenig geneigt, seine Begeisterung für die Reaction gegen die Kirche zu theilen; voll Schmerz musste er den Hellenen den Religionseifer der Christen als Muster hinstellen, aber er hoffte durch seine Reformation des Göttercults diese Indifferenten zu sich herüber zu ziehen. [35]) Wie aber war die Stellung des Kaisers, welcher den Freund der Götter als seinen eignen Freund behandelte [36]), der grossen Zahl jener Unterthanen gegenüber, welche, dem Zuge der Zeit folgend, der christlichen Kirche sich fest angeschlossen hatten? Die Frage, wie er sich den Christen gegenüber zu verhalten, welcher äussern Mittel er im Kampf gegen ihre Religion sich zu bedienen habe, musste für Julian sofort nach seiner Thronbesteigung eine äusserst wichtige sein.

6. Julians Maximen den Christen gegenüber und ihre Durchführung im Allgemeinen.

Wenn wir das Verhalten Julians der römischen Christenheit gegenüber zunächst allgemein im Anschluss an die summarischen Berichte der Quellen charakterisiren wollen, so haben wir dabei zweierlei aus einander zu halten, einerseits die allgemeinen Maximen, welche Julian gelegentlich in seinen Erlassen ausgesprochen hat, und andrerseits die Angaben, welche die übrigen Quellenschriftsteller über den Charakter der Reaction im Grossen und Ganzen machen. Finden wir, dass der philosophische Kaiser seinem Handeln gegen die Christen sehr humane Principien vorzeichnete, so dürfen wir daraus noch nicht ohne Weiteres schliessen, dass Julian diesen Principien stets ganz getreu gehandelt habe, und dass alle anders lautenden Charakteristiken der Reaction von vornherein als Entstellungen

[34]) Jul. ep. 7.
[35]) Jul. ep. 63, p. 453 B ff. — Mücke (S. 93 f.) führt in treffender Weise aus, dass Julian mit seinem Versuch, den Hellenismus in ascetische Bahnen zu lenken, geradezu dem Princip der griechischen Religion entgegen handelte und schon deshalb keinen aufrichtigen Sympathieen bei seinen Glaubensgenossen begegnen konnte.
[36]) Lib. Epit. R. I, p. 564.

des wahren Sachverhalts zu betrachten seien. Viele Forscher
haben diesen vorschnellen Schluss unbedenklich gezogen und
in Folge davon viele billigerweise nicht zu übersehende oder zu
bestreitende Angaben christlicher Quellen von vornherein todt
schweigen oder in's Reich der Fabel verweisen müssen. Um
so mehr liegt für uns die Aufforderung vor, wohl zu unter-
scheiden zwischen dem, was Julian wollte, und dem, was er factisch
gethan hat.

Werfen wir einen Blick auf die Erlasse Julians während
der Periode der Reaction, so finden wir verschiedene Verbote
directer Verfolgung der Christen um ihres Glaubens willen.
Einem gewissen Artabius, jedenfalls einem höhern Provincial-
beamten, schreibt Julian unter Anrufung der Götter, er wolle
nicht, dass die Christen getödtet oder ungerechterweise geschlagen
würden oder sonst etwas Schlimmes litten.[1]) Auch in der
zweiten Hälfte seiner Regierung sprach er noch denselben
Grundsatz aus, indem er sich namentlich dagegen wandte, dass
die Christen mit Gewalt zu den Tempeln gezogen würden.[2])
In einem am 1. August 362 erlassenen Handschreiben geht
Julian sogar soweit, zu empfehlen, dass der Zulassung der Christen
zum Göttercult bestimmte Ceremonien vorangehen sollten, und dass
Niemand ohne geistige und körperliche Reinigung zu den Heilig-
thümern kommen dürfe.[3]) Julian sah Schläge und körperliche
Züchtigungen nicht als die rechten Mittel an, um die Ueber-
zeugungen der Menschen zu ändern.[4]) Dem Kaiser galt die
christliche Religion bald als bemitleidenswerther Irrthum, der
keinen Hass verdiene [5]), bald als verderbenbringende Thorheit [6]),

---

[1]) Jul. ep. 7. Die Abfassungszeit dieses ganz allgemein gehaltenen
kurzen Briefes lässt sich nicht bestimmt angeben, doch deutet eben die
Allgemeinheit des Inhalts wohl auf Entstehung bald nach Julians Regierungsantritt, als den Provinzialpräfecten Weisungen über ihr Verhalten
im Allgemeinen zugehen mussten.

[2]) Jul. ep. 43; dieselbe ist jedenfalls von Antiochien aus erlassen,
worauf schon die genaue Kunde Julians über Vorgänge in dem Antiochien
benachbarten Edessa deutet.

[3]) Jul. ep. 52, p. 436 C—D.

[4]) Jul. ep. 52, p. 438 B.

[5]) Jul. ep. 52, p. 338 B.

[6]) Jul. ep. 7.

bald als Wahnsinn, welcher eigentlich gegen den Willen der Leidenden geheilt werden sollte [7]), immer aber als Gottlosigkeit. Er suchte namentlich durch Spott der Kirche Abbruch zu thun; mit Geflissentlichkeit bezeichnete er seine Gegner wegwerfend als Galiläer, um damit die Entstehung ihrer Lehre in einem unberühmten Lande, fern den Sitzen der Wissenschaft und Kunst, zu bezeichnen. [8]) Durch diesen Spott hoffte Julian viele Christen von der Thorheit ihrer Religion zu überzeugen, daneben sollten die Galiläer von den Beamten jederzeit Zurücksetzung den Heiden gegenüber erfahren[9]); hauptsächlich aber vertraute der Kaiser auf die Macht der Belehrung und empfahl die Anwendung dieses Bekehrungsmittels seinen Gesinnungsgenossen sehr angelegentlich. [10]) Hatte er doch selbst durch Belehrung den Weg vom Sitze eines christlichen Lectors zum Opferaltar der Olympier gefunden.

Diese Maxime Julians, offene Verfolgung zu meiden, vielmehr durch Spott, Zurücksetzung und Belehrung auf die Christen zu wirken, muss im Grossen und Ganzen aus den Reactionsthatsachen zu erkennen gewesen sein, wenn uns deren Charakteristik bei Libanius glaubhaft erscheint. [11]) Nach Libanius hat Julian diejenigen, welche nicht opfern wollten, verlacht, auch sie zu überreden gesucht, ohne doch Gewalt anzuwenden. Die Christen sollen unerhörte Verfolgungen erwartet haben, aber

---

[7]) Jul. ep. 42, p. 424 A.

[8]) Mücke (S. 76) hat herausgefunden, dass in dem Namen „Galiläer" an sich nichts Gehässiges liege und beruft sich dabei auf den Gebrauch des Wortes in der Apostelgeschichte 1, 11. An letzterer Stelle sind wirkliche Galiläer als solche mit ihrem Volksnamen angeredet. Dagegen möchte es Mücke schwer werden, den Nachweis zu führen, dass die spätern Christen sich selbst Galiläer nannten oder von Andern so nennen liessen. Ausdrücklich weist Gregor (Or. III, p. 79 D, p. 81 A- B) darauf hin, dass die Christen die Benennung „Galiläer" durch Julian als eine Verspottung empfanden. Es ist unmustössliche Thatsache, dass die Bezeichnung „Galiläer" für die Christen im Zeitalter Julians ganz ungebräuchlich war; ist es danach wahrscheinlich, dass Julian jene ungebräuchliche Benennung fortwährend nur aus dem gelehrten Interesse brauchte, die Christen „nach dem Lande zu nennen, wo Christus zuerst und am häufigsten predigte"?

[9]) Jul. ep. 7.

[10]) Jul. ep. 42, p. 424 B, ep. 52, p. 438 B.

[11]) Lib. Epit. R. I, p. 562.

sich getäuscht haben; Julian soll die früheren Verfolger als Solche
verurtheilt haben, welche nicht erreicht hätten, was sie erstrebten;
er selbst versprach sich nach seines Panegyrikers Bericht keinen
Nutzen von Zwangsmitteln, da hierdurch höchstens die äusser-
liche Handlungsweise, nie aber die innere Gesinnung geändert
werde; dennoch hat er nicht aufgehört zu rufen, man solle zum
Licht zurückkehren. Er hat nicht jeden Christen als seinen Feind
betrachtet, vielmehr diejenigen, deren Bekehrung er hoffte, nicht
zurückgestossen. Wenn wir diesen Aeusserungen gegenüber
bedenken werden, dass wir einen Panegyrikus auf die Milde
des Kaisers lesen, so finden wir andererseits auch Stellen bei
Libanius, die Julians Eifer für die Sache der Götter verherrlichen
sollen, und die dann ein ziemlich andres Streiflicht auf
die Reactionsmassregeln werfen. „Hat nicht Julian Krieg geführt mit denen, welche euch bekriegt hatten?" so fragt Libanius vorwurfsvoll die Götter, welche den Lebensfaden ihres
Freundes so bald hatten durchschneiden lassen [12]). Auch an
solchen Stellen ist eine rhetorische Uebertreibung anzunehmen,
aber sie weisen doch darauf hin, dass ein offenes feindliches
Auftreten Julians gegen die Christen dem Panegyriker nicht
gänzlich unbekannt war.

Ammian hat zwar nirgends eine Charakteristik der julianischen Reaction in zusammenfassenden Worten gegeben, und fast
immer kommt er nur beiläufig auf Julians Massregeln gegen die
Kirche zu reden, aber dadurch, dass er dem Kaiser so nachdrücklich den Ruhm der Gerechtigkeit zuspricht [13]), beweist er,
dass er von einer blutigen Verfolgung der Christen nichts
wusste. Freilich ist merkwürdig, das Ammian als Beispiel
einer zuweilen sich zeigenden Abweichung Julians von seiner
Gerechtigkeitsliebe gerade einen Erlass gegen die Christen an-
führt. [14])

Wenden wir unsern Blick den christlichen Schriftstellern
zu, so lauten auch dort die Urtheile im Ganzen so, dass sie
gewaltthätige Verfolgungen durch den Kaiser ausschliessen.
Gregor berichtet [15]), Julian habe die Gewaltthätigkeiten dem

[12]) Lib. Epit. R. I, p. 617.
[13]) Amm. 25, 4, 19.
[14]) Amm. 25, 4, 20.
[15]) Greg. Or. III, p. 74 A B.

Volke überlassen und auch das nicht etwa durch ausdrückliche
Decrete, sondern mehr durch Gewährenlassen; er selbst habe
die Rolle des Anlockens und Ueberredens sich vorbehalten, doch
diese nicht immer völlig bewahrt. An einer andern Stelle [16])
sagt der cappadocische Bischof, indem er Julians Verhalten
resumirt, Jener habe dahin gestrebt, dass er den Christen Gewalt anthue, ohne dass dies offenbar würde, damit die Christen
zwar diese Gewalt zu erdulden hätten, ohne jedoch die Ehre
des Martyriums zu erlangen. — Philostorgius gesteht ebenfalls
nur [17]), dass Julian die Verfolgungen seitens der Heiden nicht
gehindert habe; er selbst soll sich gefreut haben, dass der Vorwurf der Verfolgung nicht auf ihm laste. Rufin [18]) charakterisirt die julianische Reaction im Allgemeinen so, dass der
Kaiser, als er sich wegen des Perserkriegs nach dem Orient
wandte, schlauer als die übrigen Verfolger früherer Zeit nicht
mit Gewalt oder Qualen, sondern durch Belohnungen, Ehren-
erweisungen, Schmeicheleien und Ueberredungen einen grössern
Theil des Volkes verlockt habe, als wenn er gewaltthätig aufgetreten wäre. An diese allgemeine Charakteristik schliesst
dann Rufin die Darstellung der ihm bekannten einzelnen Aus-
nahmefälle an. Sokrates endlich urtheilt [19]), dass Julian im
Anfang seiner Regierung gegen Alle human gewesen sei, später
aber offen seinen Hass gegen die Christen gezeigt habe. Den
Ausdruck „Verfolgung", den dieser Kirchenhistoriker für die
Handlungsweise des Kaisers braucht, glaubt er doch rechtfertigen
zu müssen [20]), indem er erklärt, es sei Verfolgung zu nennen, wenn
man ruhige Leute auf alle mögliche Weise störe. Sokrates
und Sozomenus haben uns keine streng chronologisch geordneten
Darstellungen hinterlassen, so dass wir aus denselben nicht
unmittelbar die Entwicklung der Reaction erkennen können,
doch deutet auf eine spätere Verschärfung des Vorgehens Julians der Umstand hin, dass Sokrates und Sozomenus, die doch
in Constantinopel lebten, so wenig von bedrückenden Massnahmen
des Kaisers in ihrer Nähe zu erzählen wissen, dass ihre Mär-

[16]) Greg. Or. III, p. 72 C—D.
[17]) Philostorg. 7, 4.
[18]) Rufin 1. 32.
[19]) Sokr. 3, 11
[20]) Sokr. 3, 12.

tyrergeschichten uns vielmehr vorzugsweise in den ferneren Orient, wo Julian die zweite Hälfte seiner kurzen Regierungszeit zubrachte, führen.

Resultat der Betrachtung der von den Quellen gegebenen allgemeinen Beurtheilungen der julianischen Reaction ist demnach, dass die unter Julians Regierung vorgefallenen blutigen Verfolgungen nicht durch den Kaiser direct in's Werk gesetzt sind, dass aber nicht jede Abweichung von seinen humanen Principien ausgeschlossen ist. Als wahrscheinlich ist ferner schon nach dem Bisherigen anzunehmen, dass Julians Verfahren im Anfang zwar ganz tadelfrei gewesen, dass er aber später zu denjenigen Massregeln vorgeschritten sei, welche allerdings nicht auf directe blutige Verfolgung, doch aber auf unbillige Behandlung und Schädigung der Christen hinaus liefen; dass Julian durch die Macht der Verhältnisse weiter getrieben wurde, als er ursprünglich wollte. Auch wird es nicht unwichtig sein, festzuhalten, dass Rufin den Beginn der ernsthaften Reaction zeitlich zusammenlegt mit der Reise Julians in den Osten des Reichs, mit dem Entstehen des Plans, gegen die Perser zu Felde zu ziehen. — Diesem allgemeinen Bilde ganz entsprechend stellt sich uns die Entwicklung der julianischen Reaction dar, wenn wir die einzelnen Facta der Letztern in ihrer chronologischen Folge, soweit dieselbe sich bestimmen lässt, an unserem Auge vorübergehen lassen.

Abschnitt III. Die Reactionsthatsachen bis zu Julians Eintreffen in Antiochien.

7. Die Aufhebung des Bundes zwischen Staat und Kirche.

Als Julian an die Durchführung seiner Restitution des Hellenismus ging, fand er ein Bündniss zwischen dem Kaiserthum und dem Arianismus vor. Die bisherige Ausnahmestellung des arianischen Bekenntnisses hatte' auf Kosten sowohl

der heidnischen, wie der athanasianischen Religionspartei
bestanden. Wenn daher der neue Kaiser jene Vorrechte
der Arianer beseitigte, so machte ,er dadurch manches den
Athanasianern, wie auch allen sonstigen christlichen Sonder-
bekenntnissen von Constantius geschehene Unrecht wieder
gut. Dies war sofort nach Julians Regierungsantritt der Fall,
als das Edict erlassen wurde, welches allen unter dem ver-
storbenen Kaiser wegen ihres Glaubens verbannten christlichen
Bischöfen die Rückkehr in ihre Heimat und die Wieder-
erstattung ihres confiscirten Eigenthums zugestand. [1]) Von
einer Einsetzung in die verlorenen Bischofsämter war allerdings nicht die Rede [2]); ein solcher Schritt hätte auch nur
geschehen können, wenn gleichzeitig durch kaiserlichen Befehl
die arianischen Nachfolger abgesetzt worden wären. Dieser
Restitutionsact charakterisirte in den Augen der Athanasianer
so wenig den Verfolger der Kirche, dass ein späterer Kirchenhistoriker in ihm noch einen Beweis der Erheuchelung des
Christenthums sah [3]), und dass Gregor ihn mit einem beredten
Schweigen überging. Die· kirchlichen Quellen legen dieser
That mehrere Motive unter, die sie dennoch in feindlichem
Lichte erscheinen lassen. Danach soll Julian durch jenes
Edict entweder einen Act des Constantius, welcher dem
athanasianischen Volke auf's Tiefste verhasst sein musste, haben
verurtheilen wollen, um sich so in Gunst zu setzen [4]), oder er
soll damit den Apfel der Zwietracht unter die Christen zu
schleudern beabsichtigt haben. [5]) Möglich ist, dass diese
Motive, und namentlich das letztere, Julian nicht ganz fremd
gewesen sind, aber der Hauptbeweggrund zu jenem Edict war
doch wohl die Absicht, die von Constantius getroffene Massregel zum Schutz des Arianismus rückgängig zu machen, und
die nothwendige Consequenz der religiösen Stellung Julians,

[1]) Jul. ep. 31, ep. 52, p. 436 A—B, Rufin 1, 27, etc. Die Chronologie
dieses Erlasses ist durch die ausdrücklichen Zeitangaben bei den Kirchenhistorikern bestimmt.

[2]) Jul. ep. 26.

[3]) Theodoret 3, 3.

[4]) Ruf. 1, 27, Sokr. 3, 1, Theodor. 3, 3.

[5]) Philost. 7, 4, Sozom. 5, 5.

alle christlichen Parteien und Secten als gleich fremd in
gleicher Weise zu behandeln.

Allerdings war die sofortige Folge der Rückberufung des
Athanasius und seiner Freunde das Wiederaufleben des alten
Parteihaders innerhalb der christlichen Gemeinden, eine Folge,
welche dem Streben Julians für das Interesse des Hellenismus
nur günstig sein konnte. Der Kaiser suchte denn auch diesen
Zustand innern Zwistes zu erhalten und erlangte durch sein
Verfahren noch dazu den Anschein grosser Toleranz und Gerechtigkeit. Er liess die streitenden Parteien der Christengemeinde Constantinopels in den Palast kommen und redete
ihnen zu, sie sollten ruhig Jeden den Glauben vertreten lassen,
den er bekenne. [6]) Julian gewährte jeder Partei Schutz vor
den andern und verhinderte so die Einigung aller Christen, welche
ein starkes Hemmniss seiner Reaction hätte werden müssen. [7])
Mit grosser Strenge sah er von Anfang an darauf, dass die
Christen der stärkeren Parteien nicht mit Gewalt die schwächern
Secten unterdrückten.[8]) So geschah es, dass der arianische Bischof
Eleusius von Cyzicus an der Propontis den Befehl erhielt, die gar
nicht einmal von ihm selbst niedergerissene Kirche der Nova-
tianer, einer aus dem dritten Jahrhundert stammenden, dem
Montanismus verwandten Secte [9]), binnen zwei Monaten wieder-
herzustellen.[10]) Julian wusste wohl, dass die kirchlichen Par-

[6]) Amm. 22, 5, 3—5. Diese Stelle sichert zugleich die Chronologie.
[7]) Während Richter (S. 145) den Bericht des Ammian dahin auffasst,
Julian habe sich ein Schauspiel der erbitterten Glaubenskämpfe unter den
Christen gewähren wollen, schreibt Mücke (S. 73) dem Kaiser die Absicht zu,
eine Vereinigung der christlichen Parteien dadurch herbeizuführen, dass
er ihnen freundlich zuredete. Er weicht damit nicht nur von seinem Gewährsmann Ammian bedenklich ab (denn dieser schreibt klar und deutlich Julian die Absicht zu, die Christen zu spalten), sondern er muthet
dem Leser auch zu, Julian für einen Menschen zu halten, der seinem
eigenen Plan, das Christenthum zu schwächen, schnurstracks entgegen-
arbeitete. Wir finden keinen Grund, an Ammians Worten Anstoss zu
nehmen und den für Julian eingenommenen Schriftsteller hier einer Un-
gerechtigkeit gegen seinen Helden anzuklagen.
[8]) Jul. ep. 52, p. 436 A—B.
[9]) Vergl. Hase, Kirchengesch. §. 75.
[10]) Sokr. 3, 11 (nach Sozom. 5, 5 war allerdings Eleusius selbst der
Tempelzerstörer). Jul. erwähnt ep. 52, p. 436 A, was unter Constantius
u. A. in Cyzicus geschehen sei (nämlich gegen die Häretiker), sei jetzt
verboten worden. So schrieb er am 1. Aug. 362, folglich haben wir das

teien, wenn sie sich zu dulden hätten, einen immer glühendern Hass auf einander werfen, immer weniger sich als Glieder eines grossen Körpers fühlen würden.

Kaum athmeten jedoch die bisher unterdrückt gewesenen Christen nicht arianischen Bekenntnisses unter dem neuen Regiment, welches ihnen Duldung und Religionsfreiheit gebracht hatte, etwas auf, als auch schon Verfügungen erlassen wurden, welche die gesammte Christenheit schwer trafen. Nicht nur musste man es ruhig mit ansehen, dass die Götzenopfer wieder auflebten und die geschlossenen Tempel auf's Neue sich öffneten, sondern die Wiederherstellung der unter Constantius zerstörten Cultusstätten sollte nach Julians Befehl auch auf Kosten aller derer ausgeführt werden, welche an der Zerstörung Theil genommen oder das Material zum Bauen von Häusern benutzt hatten.[11]) Durch diese Massregel wurden nicht nur einzelne Christen betroffen, sondern namentlich auch die Kirchen, denen vielfach ehemaliges Tempelvermögen zum Geschenk gemacht worden war und gegen welche nun mit Confiscation vorgegangen wurde.[12]) Wir können uns vorstellen, dass die Christen über diesen Erlass

Gebot an Eleusius in die Zeit zu verlegen, während welcher Julian in dem nahen Constantinopel residirte. — Von demselben Bischof Eleusius weiss Sozom. später (5, 15) zu berichten, er sei wegen Tempelzerstörung auf Wunsch der heidnischen Bevölkerung von Cyzicus verbannt worden. An und für sich erscheint dieser Bericht unverdächtig, aber es muss auffallen, dass Sokrates, wo er von Eleusius spricht, dieses Ereignisses gar nicht gedenkt, und dass Sozom. selbst den Bischof als Zerstörer der novatianischen Kirche genannt hat, ohne hernach wieder darauf Bezug zu nehmen. In der Ueberlieferung scheint die Bestrafung des Eleusius durch Julian nach einer ältern Version mit der frühern Zerstörung der novatianischen Kirche in Verbindung gebracht, nach einer jüngern Version, da das Auftreten Julians zu Gunsten von Christen auffiel, auf Zerstörung heidnischer Tempel zurückgeführt zu sein. Sokrates folgte der ältern Ueberlieferung, während Sozomenus beide cursirende Versionen ohne Kritik neben einander in seine Darstellung aufnahm. Aus diesen Gründen lassen wir die zweite Bestrafung des Eleusius auf sich beruhen, anstatt sie in unsere Geschichte aufzunehmen, wollen [sie jedoch damit nicht apodiktisch als unhistorisch verurtheilen.

[11]) Lib. Epit. R. I, p. 564. Soz. 5, 5.

[12]) Jedenfalls nur auf solche Fälle ist die Bemerkung Gregors (Or. III, p. 86 D ff.) zu beziehen, wonach Julian öffentliche und geheime Edicte behuf Ausplünderung von Kirchen erlassen habe, wobei dann auch Miss-

des Kaisers wie über eine Verfolgungsmassregel klagten, aber vom Standpunkte Julians aus betrachtet, enthält jener Befehl eigentlich nichts Unbilliges.

Hatte der christliche Klerus durch Constantius manche Privilegien empfangen, so musste er dieselben jetzt wieder aufgeben. Die Spenden des öffentlichen Schatzes an die arianischen Priester und an die christlichen Jungfrauen und Wittwen, die im Dienst der Gemeinde standen, hörten jetzt auf und gingen dafür auf die heidnischen Priester über, ja sogar früher empfangene Unterstüzungen mussten wieder herausgegeben werden. [13]) Ferner wurde den Klerikern die ihnen überlassene Gerichtsbarkeit genommen, ebenso das Recht, Testamente auszufertigen und von Laien die Kirche zur Erbin einsetzen zu lassen. [14]) Von jetzt ab war der Klerus nicht nur wieder steuerpflichtig [15]), sondern er verlor auch die Befreiung von der Mitgliedschaft der Curien. Die Curien, Rathscollegien, waren in der spätern Kaiserzeit die Bürgen für die den betreffenden Gemeinden auferlegten Staatssteuern, und ihre Mitglieder hatten mit ihrem eignen Vermögen den etwa sonst nicht zu befriedigenden Steueransprüchen des Kaisers zu genügen. So war die Zugehörigkeit zur Curie keineswegs mehr eine ersehnte Ehre, sondern vielmehr eine Last, die man, wenn irgend möglich, zu vermeiden suchte. Dem Klerus nun war es gelungen, sich von Constantius die Befreiung vom Decurionenamt auszuwirken. Aber kaum hatte Julian einige Monate regiert, als er am 13. März 362 von Constantinopel aus in einem noch erhaltenen ganz kurzen Decret [16]) alle ehemaligen als Christen dispensirten Decurionen zur Wiederaufnahme ihrer alten Verpflichtungen nöthigte. In besonderen Schreiben ward den Einwohnern Constantinopels dieser kaiserliche Entschluss kundgethan. [17]) Ammian scheint grade die vorliegende Massregel zu missbilligen, wenn er den Kaiser deshalb angreift, weil er

handlungen von Priestern vorgekommen seien. Diese Bemerkung Gregors hat dann Soz. 5, 5 nachgeschrieben.

[13]) Philost. 7, 4; Soz 5, 5.

[14]) Jul. ep. 52, p. 437 A.

[15]) Soz. 5, 5.

[16]) Cod. Theodos. Tom. IV, p. 411 (ed. Gothofredus).

[17]) Jul. ep. 11.

zu den Curien Leute herangezogen habe, welche durch Privilegien von diesem Collegium weit geschieden waren.[18]) Wir
können diesen Tadel nicht unterschreiben; politische Privilegien des Klerus konnten gar nicht von einem Kaiser ge-
achtet werden, der die Kirche als eine höchstens geduldete
Institution ansah.

Eine für die Christen ebenfalls schmerzliche, seitens des
Kaisers aber wiederum selbstverständliche Neuerung war es,
dass in der ersten Zeit der Regierung Julians die bisher den
Legionen als Feldzeichen vorangetragenen Kreuzesfahnen abgeschafft wurden, um durch heidnische Embleme ersetzt zu
werden.[19]) Desgleichen liess Julian seine öffentlich errichteten
Bildsäulen mit Zeichen seines Göttercults versehen, so dass,
wenn die Christen, ihrer Unterthanenpflicht genügend, dem
Kaiserbilde Ehrerbietung erwiesen, sie ihr Gewissen nothwendig
beschweren mussten, da die dem Kaiser zugedachte Ehren-
bezeugung factisch auch den dämonischen Heidengöttern zu
Theil geworden war.[20]) Gregor meint, Julian habe diesen
Befehl in der bewussten Absicht erlassen, die Christen dadurch
in Verlegenheit zu bringen. Wir sehen darin nur den Plan
des Kaisers, sich überall als den Freund der Götter zu procla-
miren, und wollen uns auch hier hüten, was natürliche Folge
jener Massregel war, als ursprünglich beabsichtigt hinzustellen.

So war denn Alles geschehen, um der Kirche den bislang
genossenen äusserlichen Halt der Staatsgunst zu entziehen, und
die Christen nahmen jetzt wieder diejenige Stellung ein, welche
sie innegehabt hatten, wenn heidnische Kaiser regierten, die
nicht gerade zu den ungestümen Verfolgern der Secte der
Galiläer gehörten.

---

[18]) Amm. 25, 4, 21.
[19]) Greg. Or. III, p. 75 D. — Gregor stellt dies Ereigniss allen Verfolgungen nach Aussen zeitlich voran.
[20]) Greg. Or. III, p. 83 B ff. — Diese Massregel ist zwar nicht strict
als schon in der ersten Zeit der Regierung Julians getroffen nachzuweisen,
aber man kann annehmen, dass die römischen Kaiser sofort nach ihrer
Thronbesteigung ihre Bildsäulen errichten liessen, und so wird auch
Julian nicht erst ein halbes Jahr oder länger gewartet haben, bis er dieser
alten Imperatorensitte folgte.

8. Die Stellung der Christen zum kaiserlichen Hofe.

Die Umgebung des Constantius war jedenfalls eine ausschliesslich christliche gewesen; daher konnte die gründliche Erneuerung des Hofes, welche der neue Kaiser gleich nach seinem Einzuge in Constantinopel vornahm [1]), wohl die Muthmassung erregen, als spielten religiöse Beweggründe hierbei eine Rolle, und gewiss war es Julian darum zu thun, seinen Hofstaat besonders aus solchen Leuten zu bilden, die er als Freunde der Götter auch zu seinen eigenen Freunden rechnete. Gregor mag nicht Unrecht haben, wenn er behauptet, Julian habe zuerst die Reaction am Hofe durchführen wollen, um sie dann auf weitere Kreise auszudehnen. [2]) Er fand aber auch im Kaiserpalast ein Heer unnützer und gewinnsüchtiger Unterbeamten vor, die er schon vom rein ökonomischen Standpunkt aus entlassen musste und entlassen hat. [3]) Unter den höhern Hofbeamten waren manche dem götterfreundlichen Kaiser verhasst, weil sie durch Aneignung von Tempelgut ihren jetzigen Reichthum sich erworben [4]) und ausserdem durch verbrecherisches Handeln die Entrüstung der öffentlichen Meinung herausgefordert hatten. Einige dieser Würdenträger schienen Julian harter Bestrafung werth, und eine kaiserliche Commission sprach Todes- oder Exilirungsurtheile über sie aus. [5]) Unter den Hingerichteten befand sich in erster Linie der Oberkämmerer des Constantius, Eusebius [6]), auf den Julian ganz besonders erbittert war. Ihm schrieb er hauptsächlich die Schuld am Tode seines Bruders Gallus und an seiner eignen Verhaftung und Gefangenschaft zu. [7]) Nicht alle Verurtheilten hatten ihre Strafe so sehr verdient, wie dieser Eusebius; Ammian gesteht zu, dass der Kaiser in einzelnen Fällen mit grosser Leidenschaftlichkeit und Unbilligkeit verfuhr. [8]) Diese

---

[1]) Amm. 22, 4, 1 ff.
[2]) Greg. Or. III, p. 74 D.
[3]) Amm. 22, 4, 9—10.
[4]) Amm. 22, 4, 3.
[5]) Amm. 22, 3, 1 ff.
[6]) Amm. 22, 3, 12.
[7]) Jul. ad. Ath. p. 272 D, p. 274 A.
[8]) Amm. 22, 3, 4 u. 7.

Leidenschaftlichkeit spricht sich namentlich in einem Briefe Julians an den ehemaligen ägyptischen Präfecten Hermogenes aus. [9]) Ihm schrieb der Kaiser vor Eröffnung der Gerichtsverhandlungen gegen Eusebius und dessen Genossen, dass sich gegen dieselben genug Ankläger gefunden hätten und deshalb ein Gerichtshof zusammengetreten sei. Er nennt die Angeklagten eine vielköpfige Schlange, die Bestien, welche Constantius umgaben und ihn, der schon an und für sich nicht mild war, immer grausamer machten. Diese Gesinnung verlor Julian auch später nicht; noch kurz vor dem Perserkriege sprach er sich in einem Briefe [10]) dahin aus, er habe die dem Geist nach barbarischen und ihrer Gesinnung nach gottlosen Tischgenossen des Constantius mit den Händen ergriffen, zu Boden geschleudert und derart zu Grunde gerichtet, dass auch nicht einmal das Gedächtniss an ihren Sturz lebe. Gregor spricht mehr die Ansicht aus, dass Julian in denjenigen Männern, welche er dem Tode überlieferte oder vom Hofe verjagte, weniger treue Anhänger des Constantius als vielmehr solche des höhern Königs habe strafen wollen. [11]) Was dies anbetrifft, so sind die Kirchenhistoriker Sokrates und Sozomenus andrer Ansicht als der erregte Bischof; sie geben als Motiv der Bestrafung des Eusebius durchaus nicht die religiöse Abneigung des Kaisers an, sondern den Wunsch, den Tod des Gallus an dem mittelbaren Mörder desselben zu rächen. [12]) Allerdings bezeichnete Julian, wie wir sahen, den Eusebius und seine Schicksalsgenossen als der Gesinnung nach gottlos, d. h. als Christen, jedoch nicht um ihre Bestrafung, sondern vielmehr um ihre Verbrechen aus dieser religiösen Stellung abzuleiten.

Aus dem Hof des Constantius, an welchen sich ehrgeizige, habsüchtige und verbrecherische Menschen mit der Maske christlicher Gesinnung gedrängt hatten, wollte Julian eine Heimat der Philosophie und des Göttercults machen. Die

---

[9]) Jul. ep. 22.

[10]) Jul. ep. 25. Aus dem Schluss dieses Schreibens geht hervor, dass es zu einer Zeit entstand, als Julian den Perserkrieg bereits eifrig vorbereitete. Den Zweifel an der Echtheit dieses Briefes hat Teuffel widerlegt (Schmidts Zeitschrift für Geschichtsw. Band 4).

[11]) Gregor Or. III, p. 75 A.

[12]) Sokr. 3, 1. Sozom. 5, 5.

Neuplatoniker, auch sie nicht immer ohne Eigennutz, eilten auf des Kaisers Einladung mit wenigen Ausnahmen nach Constantinopel, um bei ihrem erlauchten Freunde für die Zeit der Unterdrückung, die sie durchlebt hatten, Ersatz zu suchen, an ihrer Spitze Maximus von Ephesus, der eigentliche Urheber der jetzigen Zustände. [13]) Aber Julian dachte nicht daran, den Umgang mit allen Christen aufzugeben. Als er den verbannten Bischöfen die Rückkehr verstattete, lud er den Aëtius, einen Vertrauten des Gallus [14]), in Anbetracht alter Freundschaft ein, statt in die Heimat zurückzukehren, am kaiserlichen Hofe seinen Aufenthalt zu nehmen und die Reise dorthin auf Staatskosten zu machen. [15]) Sozomenus, der diesen Brief des Kaisers bespricht, sagt nichts darüber, ob derselbe bei Aëtius ein geneigtes Ohr fand, oder nicht. [16]) —

Ein kaiserliches Edict verbannte die Christen aus der Schaar der Prätorianer [17]); offenbar wollte Julian in seiner Leibwache nur treuergebene Soldaten haben und glaubte diese volle Treue nur bei Heiden voraussetzen zu dürfen. Die christliche Ueberlieferung warf dem Kaiser vor [18]), er habe am Tage der Geschenkvertheilung an die Truppen der Leibwache den Prätorianern nur dann das Donativum gegeben, wenn sie zuvor Weihrauch in die Opferflamme, welche sich vor dem Throne befand, geworfen hätten. Einige der so bethörten Christen sollen dann, nachdem man ihnen erklärt, sie hätten Christum verleugnet, den Kaiser mit Vorwürfen überschüttet haben, worauf derselbe ihnen die Strafe der Ausschliessung aus der Prätorianerschaar zudictirt haben soll. Diese Erzählung hat an sich betrachtet nichts Unwahrscheinliches, wenn auch

---

[13]) Amm. 22, 7, 3.

[14]) Soz. 5, 5.

[15]) Jul. ep. 31.

[16]) Unter den Briefen des Kaisers befindet sich (ep. 12) eine Einladung an den Hof, gerichtet an Basilius. Der Inhalt des Briefes schliesst die Möglichkeit nicht aus, dass der Empfänger desselben der mit Julian gleichaltrige und von Athen her bekannte spätere Metropolit von Cäsarea in Cappadocien, Basilius der Grosse, war. Ist diese Einladung an den damaligen Presbyter ergangen, so hat er ihr doch keine Folge gegeben.

[17]) Sokr. 3, 13.

[18]) Greg. Or. III, p. 84 D—86 B. Sozom. 5, 17.

der eigentliche Sachverhalt sehr zu Ungunsten des Kaisers gefärbt ist. Wir haben nicht ohne Weiteres das Recht, hier einen Verführungsversuch Julians anzunehmen, denn möglicherweise handelte es sich um eine Prüfung, wer von den Prätorianern götterfreundlich, mithin zur weitern Ausübung seines Amtes noch fähig sei. Jedenfalls war die Strafe, welche Julian über die ihn schmähenden Soldaten verhängte, so mild, wie sie nur sein konnte. [19])

9. Der Erlass gegen die christlichen Lehrer der Literatur.

Aus der Betrachtung von Julians allgemeinen Maximen wissen wir, dass er die Reaction gegen die Kirche vornehmlich durch das Mittel der Belehrung durchführen zu können glaubte. Nach und nach musste er aber zu der Ueberzeugung kommen, dass die Belehrung über die Erhabenheit und Wahrheit der hellenischen Religion, die er den Christen angedeihen lassen wollte, sich so lange nicht durchsetzen lasse, als die christliche Jugend die classische Literatur, die Grundlage aller damaligen Bildung und gleichzeitig die Urkunde des Götterglaubens, nur unter Führung Ungläubiger kennen und in derselben zwar eine Fundgrube humaner Bildung schätzen, zugleich aber auch eine Sammlung religiöser Verkehrtheiten belächeln lernte. So begann Julian auf eine Massregel zu sinnen, welche verhinderte, dass die Christen gerade bei dem Studium von Werken frommer Hellenen mit Verachtung der Götter erfüllt würden, während dieselben Schriftsteller bei gläubiger, liebevoller Erklärung nach des Kaisers Meinung den Leser vielmehr von der Wahrheit der hellenischen Religion überzeugen mussten. Wieviel Julian in

---

[19]) Dass wir es in dieser Erzählung mit Prätorianern, nicht mit dem Heere im Allgemeinen zu thun haben, wie uns Gregor glauben machen will, ist ersichtlich aus Sozomenus, der einmal die ganze Scene an den Hof verlegt, die Soldaten als solche bezeichnet, welche im Palast dienten, und sodann als Strafe der Soldaten Verjagung vom Hofe angiebt, was doch nur bei Prätorianern einen Sinn hat. Ferner weiss Sokrates gar nichts von Bestrebungen des Kaisers, die Christen aus dem Heer zu verbannen (was später allerdings von Theodoret 3, 7. behauptet ward), sondern hebt nur hervor, dass Julian keine christlichen Pätorianer haben wollte.

dieser Beziehung der classischen Literatur zutraute, erkennen wir aus einem Fragment seiner Schrift gegen die Christen. Dort fragt er seine Gegner, aus welchem Grunde sie an den Wissenschaften der Hellenen herumnaschten, da doch auf solche Weise Jeder, den die Natur irgendwie hervorragend gebildet habe, vom Christenthum abfalle.[1])

So entschloss sich Julian, den Jugendunterricht unter seine specielle Aufsicht zu nehmen, und erliess am 17. Juni 362 ein darauf bezügliches Gesetz, welches am 29. Juli desselben Jahres von Spoletum aus auch für die westliche Reichshälfte verkündigt wurde.[2]) Dasselbe geht davon aus, dass die Lehrer sich in erster Linie durch ihren Charakter, dann durch ihre rednerischen Gaben auszeichnen müssten. Deshalb soll Jeder, der zu lehren wünscht, nicht ohne Weiteres diesen Beruf ergreifen dürfen, sondern zunächst die Genehmigung verschiedener Gemeindebehörden dazu einholen. Das Decret der Letztern soll dann dem Kaiser zur Bestätigung unterbreitet werden, und erst wenn diese Bestätigung vorliegt, darf der Rhetor seine Schule eröffnen.

Dies Gesetz ist zunächst in religiöser Beziehung ganz neutral gehalten, sein eigentlicher Zweck wird uns aber durch ein Handschreiben Julians klar, welches entweder eine allgemeine Instruction über Handhabung jenes Gesetzes oder eine Erklärung desselben für einen Einzelfall ist.[3]) Hier führt der Kaiser aus, es dürfe kein Unterschied bestehen zwischen dem, was Jemand lehre, und dem, was er als Wahrheit anerkenne. Wer die alten Classiker liest, wird erkennen, dass sie sich theils als dem Hermes, theils als den Musen geheiligt betrachten; deshalb kann sie Niemand auslegen, der nicht ihre Anschauungen über die Götter theilt. Von dieser Anschauung aus stellt Julian den Lehrern die Wahl frei, entweder nicht zu lehren, was sie nicht für wahr halten, oder wenn sie die Literatur lehren wollen, ihren Schülern die Classiker nicht als mit religiösem Irrthum behaftet darzustellen, gesetzt auch dass sie selbst darüber anderer Meinung sind. Dann wird sich

---

[1]) Jul. ap. Cyrill. p. 229 C.
[2]) Cod. Theodos. Tom. V, p. 35.
[3]) Jul. ep. 42.

— meint Julian — herausstellen, dass jene christlichen Lehrer um wenige Drachmen sich zur Leugnung ihres Glaubens verstehen. Früher war man gezwungen, seine Sympathieen für die Götter zu verbergen, jetzt wäre es unsinnig, seine wahren Anschauungen zu verheimlichen. Wer die Religion der Classiker, die er auslegt, theilt, soll öffentlich ihrem Eifer für die Götter nachstreben; wer die Religion der Classiker verdammt, mag doch in die Kirchen der Galiläer gehen und dort den Matthäus oder Lukas auslegen. Dies soll von den christlichen Lehrern der Literatur gelten, die christlichen Jünglinge aber sollen keineswegs vom Unterricht in der Literatur, wenn sie solchen wünschen, ausgeschlossen sein, da man Niemand, der nicht weiss, wohin er sich wenden soll, vom rechten Wege abschneiden darf; freilich sollen sie auch nicht durch Einschüchterung widerwillig zur alten Religion zurückgeführt werden.

Bei scharfer und jahrelang durchgeführter Handhabung würde dies Gesetz für die Christen sehr schwere Folgen gehabt haben. Sie hätten ihre Jünglinge entweder der steten Gefahr eines Rückfalls in den Hellenismus aussetzen oder denselben die Möglichkeit einer classischen Bildung und damit die Bedingung einer geachteten Stellung in Staat und Gesellschaft entziehen müssen. Dies wussten die Christen eben so gut wie Julian, und deshalb erhob sich auf ihrer Seite ein Schrei des Unwillens, als christliche Rhetoren, unter ihnen berühmte Sophisten, wie Prohäresius [4]), ihren Unterricht schliessen mussten. Wir hören jenen Schrei, welcher auch bei vorurtheilsfreien Heiden, wie Ammian, Wiederhall fand, in den Reden Gregors noch nachklingen. Dieser [5]) findet ein gesetzwidriges Verhalten zur philologischen Wissenschaft darin, dass Julian die Christen wegen dieses allen Gebildeten gemeinsamen Besitzes beneidete, als sei er der einzig rechtmässige Besitzer. Hat doch Julian die Christen von der Philologie vertrieben wie Diebe aus fremdem Eigenthum, als wäre sie etwas Religiöses und nicht etwas rein Sprachliches. Er glaubte, die Christen würden nicht merken, dass es seine Hauptabsicht war, ihnen die Möglichkeit einer redegewandten Beschimpfung seiner „Gott-

---

[4]) Eunap. V. Prohaeresii.
[5]) Greg. Or. III, p. 51 A—B.

losigkeit" zu entziehen. Ammian bezeichnet es an zwei Stellen [6])
als eine unbillige Massregel, dass Julian christlichen Rhetoren
und Grammatikern das Lehren verboten habe.

Die christliche Ueberlieferung kam nach und nach zu der
Anschauung, es habe ein Gesetz Julians existirt, wonach es
den Christen verboten gewesen sei, die Rhetorenschulen als
Hörer zu besuchen. Diese Anschauung findet sich schon bei
Rufin. [7]) Derselbe berichtet, es hätten nach Julians Anordnung
die Schulen nur den Verehrern der Götter offen stehen sollen,
und es sei den Christen verboten gewesen, die Wissenschaften
der Heiden kennen zu lernen. Die spätern Kirchenhistoriker
haben sich dieser Anschauung Rufins angeschlossen. Trotzdem
ist sie als unhistorisch zu erklären, da sie dem authentisch vorliegenden Princip Julians, durch heidnische Rhetoren auf christliche Studirende zu wirken, direct widerspricht. Dass aber
die Christen zu ihrer Auffassung des julianischen Vorgehens
in Sachen des Unterrichts kamen, ist nicht unerklärlich. Thatsächlich nämlich mochte jenes Edict zur Folge haben, dass die
christlichen Studirenden, ihren Wissensdrang dem Glauben
opfernd, die Rhetorenschulen verliessen. [8]) Fleissige christliche

---

[6]) Amm. 22, 10, 7; 25, 4, 20.

[7]) Rufin 1, 32.

[8]) Schröckh hat in Anerkennung des Widerspruchs zwischen Rufins
Angabe und dem Edict Julians selbst sich der Ansicht zugewandt, dass
ein zweites uns verlornes Edict den christlichen Jünglingen den Zutritt
zu den Rhetorenschulen untersagt habe. Es ist jedoch hiergegen Vieles
einzuwenden. Zunächst müssten wir in diesem Falle einen völligen Um-
schlag in den Maximen Julians annehmen; ferner wäre es sehr auffällig,
dass sämmtliche Kirchenhistoriker nur das Edict gegen das Studium
christlicher Jünglinge erwähnten, dagegen einstimmig das Edict gegen
die christlichen Lehrer verschwiegen hätten, obwohl doch gerade dieses,
wie aus Ammian hervorgeht, besonderes Aufsehen selbst unter Heiden
gemacht hat. Auch würde Ammian, wenn er schon das Edict gegen die
christlichen Lehrer als inhuman bezeichnet, eine viel radicalere Massregel
des Kaisers nicht ungerügt gelassen haben. — Gregor ist in seinen Aus-
drücken über das Edict etwas zweideutig. Er schreibt or. III, p. 51 B:
„Julian hat uns von den Wissenschaften verdrängt (λόγων ἡμᾶς ἀπήλασεν)"
und nennt jene Massregel einen gegen die Christen begangenen Raub
der Wissenschaft (τὸ τῶν λόγων ἀποστερῆσαι τοὺς χριστιανούς). Diese Aus-
drücke sind sehr wohl verständlich, wenn nur die christlichen Rhetoren,
nicht die christlichen Studirenden von den Schulen ausgeschlossen waren.

Gelehrte machten sich, um dem julianischen Gesetz die Spitze abzubrechen, daran, eine neue, ihrem Stoff nach kirchliche Literatur in den Formen und der Sprache Homers, Platos und Pindars zu schaffen. [9])

Das Gesetz vom 17. Juni 362 ist der erste Schritt, mit dem Julian von der Bahn der Toleranz, welche er sich vorgezeichnet hatte, bedenklich abwich, ein Act directer, planmässiger Verfolgung der Kirche, doppelt verwerflich, weil er ein in allen frühern Verfolgungen neutral gebliebenes und seiner Natur nach als neutral zu respectirendes Gebiet, dasjenige der Wissenschaft, der Gegenpartei verschloss. [10])

10. Resultate der Reaction bis zu Julians Eintreffen in Antiochien.

Als Julian das Gesetz gegen die christlichen Lehrer erliess, waren seine Gedanken schon nicht mehr ausschliesslich auf die Verwaltung des Staats und die in dem Letztern durchzuführende religiöse Reaction gerichtet, denn bereits hatte er den Plan gefasst,

Schon in diesem Falle lag eine Verdrängung der Christen von der Literatur vor, und ebenso war Letztere ihnen geraubt, indem sie als Alleinbesitz der Heiden, über den nur diese verfügen dürften, proclamirt war. Andererseits aber konnte Sokrates die allgemeinen Wendungen Gregors auch so verstehen, dass sie die bei Rufin gefundene Anschauung zu bestätigen schienen.

[9]) Sokr. 3, 16; Soz. 5, 18.

[10]) Nach Mücke (S. 8 ff.) hätte Julian durch unser Edict nur den Zweck verfolgt, alle Proselytenmacherei unter der Jugend auszurotten. Daneben hält Mücke es für möglich (S. 84), dass Julian geglaubt habe, die Christen würden den Ausschluss von der hellenischen Literatur ohne Murren hinnehmen, da jenes Decret einen aus ihrer Mitte geäusserten Wunsch zu befriedigen schien. Diesen Glauben hat Julian sicherlich nicht gehabt. Er wusste, mit welchem Eifer christliche Jünglinge, ein Basilius, ein Gregor, die classische Literatur studirt hatten. Wenn die Mehrzahl der Christen damals wirklich noch den Wunsch gehabt hätte, von den humanen Studien ausgeschlossen zu sein, wer hatte denn die Christen zu jenen Studien getrieben? woher dann ihr Unwille über des Kaisers Massregel? Julian setzt ep. 42 voraus, dass die Christen sich in's Rhetorenamt gedrängt hatten, und desgleichen ap. Cyr. p. 229 B., dass die Christen nach den Wissenschaften der Hellenen Verlangen trugen. Wie sollte er also gemeint haben, durch sein Edict einem Wunsche der Christen nachzukommen oder auch nur kein Murren bei ihnen zu erregen?

mit den steten Feinden der Römer im Osten des Reichs, mit den Persern, sich zu messen und seinen in Gallien erfochtenen Siegen neue kriegerische Erfolge hinzuzufügen. Um die Mitte des Monats Juni 362 befand sich der Kaiser nicht mehr in Constantinopel, sondern auf dem Wege nach Antiochien, welches er zur Residenz für die nächste Zeit erwählt hatte, um von dort aus die Rüstungen für den Perserkrieg zu betreiben. [1]) Die damalige Reise durch Kleinasien gewährte dem Kaiser die Gelegenheit, sich von dem bisherigen Erfolge seiner Reactionsmassregelu noch besser zu überzeugen, als dies schon in Constantinopel hatte geschehen können.

Von einem Siege der Reaction war damals durchaus keine Spur zu entdecken. Zwar zählte man Renegaten hohen Standes, wie den Bruder der Mutter Julians, den gleichnamigen

---

[1]) Die chronologische Bestimmung der Abreise Julians von Constantinopel ist nicht ohne Schwierigkeiten. Wenn Mücke (S. 106) der Ansicht ist, dass der Kaiser wahrscheinlich im September seine Vaterstadt verlassen habe, so ist diese Ansicht unhaltbar. Nicht nur ist Julians ep. 52. am 1. August von Antiochien datirt und ebenso ein weiterer Erlass am 18. August (Cod. Theodos. II, p. 131), sondern Ammian (doch von Mücke als verlässlicher Gewährsmann proclamirt) berichtet auch ausdrücklich, dass der Kaiser gerade um die Zeit des Adonisfestes, am Beginn der Erntezeit, in Antiochien eingetroffen sei (22, 9, 15). Das Fest des sterbenden Adonis fällt genauer jedenfalls in den Beginn des Abnehmens der Tage, also nach unserm Johannistag. Den Zeugnissen der julianischen Urkunden und Ammians gegenüber muss des Zosimus Angabe, Julian habe sich zehn Monate lang in Byzanz aufgehalten (3, 11), zurückstehen. Nun haben wir allerdings im Cod. Theod. III, p. 300 ein Gesetz unsers Kaisers mit der Unterschrift Nicomedien den 1. August, doch hat schon Gothofredus mit Recht dies Datum angezweifelt, theils wegen des Widerspruchs mit den von uns angeführten Zeugnissen, namentlich aber auch wegen seines Inhalts: „Den Soldaten soll bis zum 1. August das Kopfgeld verweigert, vom 1. August an aber dargeboten werden." Dass diese Bestimmung früher als am 1. August erlassen sein muss, ist eben so ersichtlich, wie es erklärlich ist, dass ihr später das jetzige Datum beigefügt wurde. — So befand sich denn Julian seit Ende Juni in Antiochien; das Gesetz gegen die christlichen Lehrer, datirt vom 17. Juni, ging seinem Eintreffen in dieser Stadt noch vorher. Demnach hat Wiggers Unrecht, das Edict zu den antiochenischen Reactionsmassregeln zu zählen. — Die Reise durch Kleinasien wurde frühestens im Laufe des Mai angetreten, da in diesem Monat noch mehrere im Cod. Theod. erhaltene Edicte von Constantinopel datirt sind.

Präfecten des Orients [2]), und auch der ehemalige Lehrer des Kaisers, der Sophist Hecebolius, bereit seinen Mantel nach dem Winde zu hängen, hatte den Religionswechsel seines Schülers, den er einst zu hintertreiben gesucht hatte, jetzt selbst nachgeahmt. [3]) Ebenso vertauschte Pegasius, Bischof von Neuilium, den der Kaiser, wie wir sahen, von früher her als heimlichen Götterfreund kannte, auf den Ruf Julians seine Bischofswürde mit dem Amte eines heidnischen Oberpriesters. [4]) Sonst aber waren nur geringe Erfolge erzielt worden; die Oeffnung der Tempel war sogar in Athen, der verhältnissmässig noch sehr götterfreundlichen Stadt, nur nach einigem Widerstreben erfolgt. [5]) Selbst im Heere, welches doch den Ueberredungen des Kaisers und seiner Unterbefehlshaber am meisten zugänglich sein musste, und bei dem Julian seit seiner Thronbesteigung es nicht an Verlockungen hatte fehlen lassen, war neben den Vielen, welche ohne Kopfzerbrechen thaten, was in den Augen des Imperators angenehm schien, mancher Soldat hohen und niederen Grades diesen Verlockungen gegenüber unzugänglich geblieben, unter den Erstern die nachmaligen Kaiser Jovian, Valentinian und Valens. [6]) Manche

---

[2]) Philost. 7, 10.

[3]) Sokr. 3, 13.

[4]) Brief Julians im Hermes IX.

[5]) Lib. Epit. R. I, p. 560.

[6]) Greg. III, p. 75. — Sokr. 3, 13. — Die Kirchenhistoriker bezeichnen Valentinian als einen derjenigen, welche durch Julian harte Bestrafung für ihre Glaubenstreue erfahren haben sollen. Rufin (2, 2) berichtet, Valentinian sei vom Heer ausgeschlossen worden, Philostorgius (7, 7) weiss bereits von einer Verbannung nach Theben in Aegypten. Sokrates (a. a. O.) berichtet nur, dass Valentinian den Verlockungen Julians zum Uebertritt tapfer widerstanden habe, während Sozomenus (6, 6) und Theodoret (3, 16) eine sehr ausgeschmückte Erzählung der Verbannung und ihres Anlasses bieten. — Ob irgend eine Thatsache dieser legendenhaften Ueberlieferung zu Grunde liegt, lässt sich nicht mehr feststellen. Im Hinblick auf Sokrates möchte man die Angaben des Philost. u. Rufin einfach für irrthümlich halten, doch macht Mücke (S. 282) mit Recht darauf aufmerksam, dass in Ammians Darstellung der Regierungszeit Julians Valentinian gar nicht genannt wird, und schliesst daraus, dass Valentinian sich damals nicht in der Umgebung des Kaisers befand. Sollte man nicht vielleicht muthmassen dürfen, dass Valentinian vom Kaiser Julian aus seiner Nähe in einen fernen Standort versetzt worden sei, weil er die am Hofe anrüchige christliche Gesinnung allzu offen an den Tag legte? — Dafür, dass Julian im

Christen, welche durch ihre Stellung als Beamte leicht von
Julian hätten zum Abfall vom Glauben gebracht werden können,
wurden von andrer Seite dringend vor der Apostasie gewarnt.
Ein Beispiel hierfür bietet der Brief Gregors von Nazianz an
seinen Bruder Cäsarius, welcher, in der Umgebung Julians
als Beamter beschäftigt, den verschiedensten Anlockungen des
Kaisers zu widerstehen hatte [7]).

Aus den Reihen der christlichen Kleriker war sogar eine
offene Verhöhnung gegen den Kaiser geschleudert worden. Der
greise erblindete Bischof Maris von Chalcedon hatte sich zu Julian
führen lassen, als dieser im Burghofe von Constantinopel beim
Opfern sich befand, und hatte ihn öffentlich einen Feind Gottes,
einen Verräther des Glaubens gescholten. Auf die höhnische
Antwort des Kaisers, der galiläische Gott werde den Bischof
niemals von seiner Blindheit heilen, hatte derselbe Gott gedankt,
weil er ihm den Anblick des Abgefallenen erspart habe. Der
Kaiser hatte diese Beschimpfung ruhig ertragen, aber aus ihr
wohl wahrgenommen, wie zuversichtlich und zäh die Gegner
ihren Standpunkt vertraten. [8])

Bitterer noch waren die Erfahrungen, die Julian in Kleinasien machte. Ueber Nicomedien und Nicäa reiste er in's ga-
latische Gebiet hinein. [9]) Er konnte es sich nicht versagen,
von der Strasse, welche über Ancyra in's cappadocische Gebiet führte, nach Pessinus, der uralten Cultusstätte der grossen
Göttermutter, abzubiegen. [10]) Er wollte dort seiner Verehrung
der Cybele Ausdruck verleihen und hat wahrscheinlich auch
damals die während e i n e r Nacht entstandene Rede an die
Göttermutter geschrieben. [11]) Am Schluss derselben erflehte
er für das römische Volk die rechte Gotteserkenntniss, damit

Heere grossen Erfolg seines Bekehrungsstrebens fand, ist Libanius ein
authentischer Zeuge (cf. ad. Jul. Hyp. R. 1, p. 399).

[7]) Gregor ep. 17.; or. X, p. 167.

[8]) Sokr. 3, 12. Soz. 5, 4. Ersterer knüpft an die Erzählung die
Bemerkung, der Bischof sei später hart bestraft worden; Sozomenus, der
nichts verschwieg, was Julian in schlechtes Licht rücken konnte, weiss
jedoch davon nichts.

[9]) Amm. 22, 9, 3—5.

[10]) Amm. 22, 9, 5.

[11]) Jul. or. 5.

es den Schmutzflecken der Gottlosigkeit vertilge. [12]). Machte
sich doch diese Gottlosigkeit gerade am Sitze der Cybele sehr be-
merkbar: die Stadt Pessinus selbst war von der Göttermutter
abgefallen [13]), und nicht besser sah es mit der Reaction in der
ganzen Provinz Galatien aus. Sogar in den Familien der heidnischen Priester fanden sich christliche Sympathieen, und während
die Hausväter Opfer auf den Altären der Göttertempel dar-
brachten, waren zuweilen ihre Söhne und Gattinnen und mit
ihnen das Gesinde erklärte Glieder der Kirche. [14]) Diesen Zuständen gegenüber kam Julian nicht etwa der Gedanke, dass
er für eine machtlos gewordene Religion kämpfe, sondern er gab
die Misserfolge allein der Lässigkeit seiner Gesinnungsgenossen
Schuld, ohne zu bedenken, dass der Hellenismus vielleicht gar
keine zündende Begeisterung in der Bevölkerung zu erwecken
mehr fähig sei. [15])

Nicht bessere Früchte seines Wirkens fand der Kaiser in
Cappadocien. Er berief einen dort wohnenden Philosophen Ari-
stomenes brieflich zu sich, damit dieser in seiner Person ihm
doch e i n e n wahrhaft hellenischen Mann in der Provinz zeige. Bis
dahin hatte er nur ganz wenige Leute gefunden, welche überhaupt zum Opfern geneigt waren, und diese hatten nicht verstanden zu opfern. Die ganze übrige Bevölkerung wollte vom
Göttercult nichts wissen. [16])

Das waren die Eindrücke, die Julian in seine künftige
Residenz Antiochien mitbrachte. Er war im Begriff, für das
Interesse des römischen Reichs äussere Feinde anzugreifen, und
seine erste Unternehmung, die Reaction gegen die Kirche, schien
bis zum Perserkriege unvollendet bleiben zu sollen, wenn nicht
energischer als bisher Alles daran gesetzt wurde, den religiösen Kampf durchzuführen.

---

[12]) Jul. or. 5, p. 180 A—B.
[13]) Jul. ep. 49, p. 431 D.
[14]) Jul. ep. 49, p. 430 A—B.
[15]) Jul. ep. 49, p. 429 C.
[16]) Jul. ep. 4.

IV. Die Reactionsthatsachen während Julians Aufenthalt in Antiochien.

11. Julian und die Antiochener.

Als Julian am Gedenktag des Sterbens des Adonis in die Metropole Syriens einzog, musste er einen düstern Eindruck empfangen, denn Klagen und Trauergesänge tönten ihm von allen Seiten entgegen. [1]) Sie galten dem lieblichen Gotte, welchen der Zahn des Ebers zu Tode getroffen und so der liebenden Aphrodite entrissen hatte, aber für den jungen Kaiser waren sie wie eine üble Vorbedeutung der vielen bitteren Enttäuschungen, die ihm der Aufenthalt in Antiochien bringen sollte.

Julian befand sich jetzt inmitten einer Bevölkerung, deren einer Theil ihm wegen des christlichen Bekenntnisses unsympathisch war, während die überwiegende Mehrzahl des andern Theiles, religiös indifferent und materiellen Genüssen allein hingegeben, den ascetischen Philosophen im Purpur fast noch mehr zurückstossen musste. Die Antiochener machten ihm den Eindruck, als wollten sie weder den Göttern, noch den Gesetzen sich unterwerfen, als liebten sie allein die ungebundene Freiheit. [2]) Julian fand eine Unzahl von Reigentänzern, Flötenspielern und Comödianten in der üppigen Stadt vor, dagegen keine Spur von Ehrfurcht vor den Regierenden. [3]) Alles zürnte ihm, nicht weil er Andern die Theater etwa verschlossen hätte, sondern weil er für seine Person sich nicht um die Theater kümmerte. [4]) Man verspottete auch in nichtchristlichen Kreisen den Kaiser wegen seines übereifrigen Göttercults; die Antiochener traten höchst selten mit ihren Göttern in Berührung, und zwar

---

[1]) Amm. 22, 9, 15.
[2]) Jul. Misop. p. 343 C.
[3]) Jul. Misop. p. 342 B.
[4]) Jul. Misop. p. 357 D.

nur, wenn jene Feste gefeiert wurden, die mit Tänzen und
Schaustellungen verbunden waren. An denselben nahm dann
nicht allein der Göttergläubige Theil, sondern ganz unbedenklich auch die Masse der christlichen Bevölkerung, da man
jene Feste nicht mehr als eine religiöse Feier, sondern als
Volksvergnügen betrachtete. [5]) Stiess Julian bei den heidnischen Antiochenern auf religiösen Indifferentismus und hoch-
müthigen Spott, so trug ihm die christliche Bevölkerung offene
Feindschaft entgegen. Sie hasste den Kaiser als den, welcher
Christus bekriege, und sehnte sich nach den Zeiten des Constantius zurück. [6]) Sie sandte Gebete zum Himmel, dass das
Uebel des julianischen Regiments aufhören möge, und rief die
Vermittlung alter Frauen an, welche durch den ständigen
Aufenthalt bei den Märtyrergräbern den Ruf besonderer Gebets-
kraft besassen. [7])

Im Lauf des August [8]) kehrte das Fest des Apollo wieder,
welcher in der antiochenischen Vorstadt Daphne einen präch-
tigen Tempel besass. Julian hoffte, eine grosse Opferversamm-
lung mit reichen Spenden im Heiligthum zu finden, als er aber
in den Tempel trat, fand er ihn leer. Auf seine Frage, was
die Stadt dem Gott zum Opfer bestimmt habe, antwortete der
Priester des Apollo, er selbst habe von seinem Hause eine
Gans mitgebracht, sonst aber sei keinerlei Opfergabe vorhanden. [9]) Niemand also in der volkreichen Stadt hatte des
Apollo gedacht, Niemand eine Gabe für ihn übrig gehabt,
während man für Gastereien keine Ausgabe scheute und fast
ein Jeder seiner Frau gestattete, den galiläischen Priestern
grosse Geschenke für die Ernährung der Armen darzubieten. [10])

In der Nähe des Apollotempels befand sich das Grab eines

---

[5]) Jul. Misop. p. 346 C.
[6]) „   „   p. 360 D.
[7]) „   „   p. 344 A.
[8]) Bei Jul. Misop. p. 361 D. findet sich der Monatsname Lous. Dieser
zehnte Monat der macedonischen Rechnung umfasst die zweite Hälfte des
attischen Hecatombaion (ca. 15. Juli—15. Aug.) und die erste Hälfte des
attischen Metageitnion (ca. 15. Aug.—15. Sept.), folglich gerade unsern
Monat August.
[9]) Jul. Misop. p. 361 D ff.
[10]) Jul. Misop. p. 362 D—363 A.

christlichen Märtyrers Babylas, als solches eine Wallfahrtsstätte der Christen. [11]) Schon an und für sich war die Heilighaltung der Märtyrergräber und die Verehrung der Märtyrer überhaupt dem Kaiser ganz besonders unsympathisch. [12]) Hierzu kam bezüglich des Babylasgrabes, wie Rufin erzählt [13]), dass Julian auf eine Orakelforderung von den Priestern des Apollo die Antwort empfing, der Gott wolle nicht weissagen, weil er die Nähe des Märtyrergrabes verabscheue. Mag Rufin hier recht unterrichtet sein oder nicht, jedenfalls veranlasste es der Hinblick auf die Nachbarschaft des Apollotempels, dass Julian die Gebeine des Babylas in Daphne nicht länger zu dulden beschloss. [14]) Er liess den Christen die Weisung zugehen, die Gebeine des Heiligen fortzuschaffen. Dieser Befehl schien der antiochenischen Christengemeinde ein arger Gottesfrevel. Als man in feierlichem Zuge die Reliquien aus jener Vorstadt forttrug, da erscholl aus dem Munde der Theilnehmer einer jener Psalmen, welche Gottes Strafgericht auf die Gottlosen herabrufen und mit Zuversicht ihren Untergang verkünden. [15]) Die antiochenische Bevölkerung liess diese Majestätsbeleidigung ruhig hingehen und nicht etwa deshalb, weil man der Strafe für Störung einer religiösen Feier zu verfallen fürchtete, was Libanius für möglich hält [16]), sondern weil man dem unbeliebten Kaiser diese Schmähungen von Herzen gönnte. Um so mehr ergrimmte Letzterer, und schon andern Tages ordnete er Verhaftungen und Bestrafungen unter den Christen an. Der heidnische Präfect Sallust wollte diesen Befehl des erregten Kaisers nicht gern ausführen, liess jedoch einen Jüngling, Theodorus, der ihm zuerst in die Hände fiel, durch Peitschenhiebe züchtigen. [17])

---

[11]) Rufin 1, 35.

[12]) Jul. ap. Cyr. p. 335 B.

[13]) Ruf. 1, 35.

[14]) Lib. Monod. Daphn. R. III, p. 333.

[15]) Ruf. 1, 35.

[16]) Lib. Jra imper. R. I, p. 496 f.

[17]) Ruf. 1, 36. Der Kirchenhistoriker fügt hinzu, Theodorus sei den ganzen Tag über gepeitscht worden, aber durch ein Wunder aller Schmerzen während dieser Procedur überhoben gewesen, wie er selbst später unserm Berichterstatter erzählt habe. Jenes Wunder und jedenfalls auch die Länge der Züchtigung sind unhistorisch und wohl Erfindungen des jungen Theodorus, der augenscheinlich später mit

Solche Mittel schüchterten die Christen nicht ein, und bald konnte Julian erkennen, dass er durch die Massregeln betreffs der Reliquien des Babylas eine Erbitterung hervorgerufen hatte, welche sich nicht allein durch Schmähreden zu erkennen gab. Am 22. October ging der Apollotempel zu Daphne in Flammen auf. [18]) Julian schrieb Niemand Anders als den Christen die Schuld an diesem Brande zu, den sie in ihrem Zorn über die Fortschaffung der Märtyrerleiche, unterstützt durch die Nachlässigkeit der Wächter, veranlasst hätten. [19]) Libanius vergleicht die Zornesgluth, welche damals den Kaiser erfüllte, mit der Gluth der Flammen, welche den Tempel verzehrt hatten. [20]) Eine scharfe Untersuchung ward angeordnet [21]), doch erfahren wir nirgends, dass dieselbe ein Resultat gehabt habe; der Kaiser warf später dem Stadtrath grosse Nachlässigkeit in dieser Angelegenheit vor. [22]) Ammian erwähnt, man habe sich damals auch zugeraunt, dass der Brand durch die Fahrlässigkeit eines Philosophen, der im Tempel seine Andacht verrichtet habe, entstanden sei. [23]) Die kirchliche Ueberlieferung hat jedoch diese zur Vertheidigung der Christen sich darbietende Notiz nicht verwerthet, sondern sich darauf beschränkt, den Tempelbrand durch ein göttliches Wunder, durch vom Himmel gefallenes Feuer, zu erklären. [24]) So bleibt es doch wahrscheinlich, dass Julian Recht hatte, Christen für die Zerstörer des Tempels zu halten.

Glaubte der Kaiser Grund zur Bestrafung der ganzen antiochenischen Kirche zu haben, oder benutzte er die Gelegenheit, um die Christen empfindlich zu schädigen, genug, er liess nach dem Brand des Apollotempels die Kathedrale von An-

---

dem Ruhm seines Confessorenthums sich gebrüstet hat. Dennoch ist Rufins sonstige Erzählung über die Thatsache des Strafbefehls Julians unbedenklich, namentlich trägt auch das dem Sallust zugeschriebene Benehmen, sein Zögern und mildes Verfahren, ganz das Gepräge der Historicität.

[18]) Amm. 22, 13, 1.
[19]) Jul. Misop. p. 346 B; p. 361 B.
[20]) Lib. Monod. Daphn. R. III, p. 335.
[21]) Amm. 22, 13, 2.
[22]) Jul. Mis. p. 361 B.
[23]) Amm. 22, 13, 3.
[24]) Sozom. 5, 20; Theod. 3, 11.

tiochien schliessen [25]) und ihr Vermögen confisciren. [26]) Für die Ausführung dieses Befehls, welche von blasphemischen Acten begleitet gewesen sein soll, macht die christliche Ueberlieferung namentlich den Julianus, den Oheim des Kaisers, verantwortlich [27]); sie betrachtet seinen bald darauf erfolgten Tod [28]) als göttliche Strafe für sein Verbrechen.

Ein Denkmal der Stimmung des Kaisers nach all' diesen Vorfällen, die sich durch verschiedene Mittheilungen Theodorets noch vermehren lassen, liegt uns vor in dem satirischen Werke „Misopogon", welches Julian im siebenten Monat seines Aufenthalts in der syrischen Hauptstadt [29]) gegen deren Bewohner schrieb. Er geisselt ihre Genusssucht, ihre Unfrömmigkeit, stellt sich selbst ironisch als den Ungebildeten, falsch Erzogenen hin und kommt schliesslich zu der Behauptung, seine Milde trage die eigentliche Schuld an seinem Zwiespalt mit den Antiochenern. Er fasst den Entschluss, seine Thorheit abzulegen und in Zukunft vorsichtiger zu handeln; auf die Stadt Antiochien aber ruft er die Vergeltung der Götter herab. [30])

Als Julian etwa zwei Monate später seinen Zug gegen die Perser antreten wollte, setzte er einen gewaltthätigen Mann, Alexander aus Heliopolis, zum Statthalter von Syrien ein. Er äusserte, jener habe diese Stellung allerdings nicht verdient, aber für die habsüchtigen und schmähsüchtigen Antiochener sei ein solches Oberhaupt gerade geeignet. [31]) Der Kaiser schied aus der Stadt mit der ausgesprochenen Absicht, den nächsten Winteraufenthalt nicht dort, wo er ausser dem Rhetor Libanius kaum einen Freund besass, sondern im cilicischen Tarsus zu nehmen. [32]) Den Antiochenern rief er bei der Abreise zu: „Ich fliehe eine Stadt, die voll ist von allen Schlechtigkeiten, von Uebermuth, Trunkenheit, Unmässigkeit, Gottlosigkeit, Habsucht und Frechheit." [33])

[25]) Amm. 22, 13, 2.
[26]) Soz. 5, 8; Theodoret 3, 12.
[27]) Soz. 5, 8; Theodor. 3, 12.
[28]) Amm. 23, 1, 4.
[29]) Jul. Mis. p. 344 A.
[30]) Jul. Mis. p. 371 B—C.
[31]) Amm. 23, 2, 3.
[32]) Amm. 23, 2, 5.
[33]) Lib. Legatiio ad. Jul. R. I, p. 469.

Den antiochenischen Christen gegenüber ist Julian nicht
der milde, tolerante Herrscher geblieben, als welchen er sich
in seinen allgemeinen Maximen einführt. Er war in seiner
Gereiztheit über die ihm fast täglich vor Augen stehende Opposition, die während seiner Abwesenheit im Perserkrig sich erst
recht erheben musste, auf dem besten Wege, kein Mittel zu
scheuen, um die christliche Bevölkerung Antiochiens zu unterdrücken. Diese Gereiztheit konnte auch auf diejenigen Erlasse
nicht ohne Einfluss bleiben, welche der Kaiser in damaliger
Zeit bezüglich der auswärtigen Christenheit erliess, zumal er
fast überall dasselbe Bild des Misserfolgs erblickte, welches er
in Kleinasien gewonnen hatte, und der Augenblick seiner Entfernung auf ungewisse Zeit bis zur Beendigung des Feldzugs
gegen die Perser immer näher heranrückte.

12. Julian und die Bischöfe Titus von Bostra und Athanasius von Alexandrien.

Als Mittelpunkt der kirchlichen Opposition musste Julian
bald den christlichen Klerus erkennen. [1] Nicht alle Bischöfe
begnügten sich, wie Maris von Chalcedon, damit, ihrem Groll
gegen den Kaiser in Schmähreden Luft zu machen, sondern an
verschiedenen Orten arbeiteten die Häupter der Kirchen dem
Umsichgreifen der Reaction tapfer entgegen. Julian konnte
oder wollte diesem Thun keine andern Motive zuschreiben, als
den Aerger über den Verlust von Privilegien, als den Zorn
darüber, dass dem Klerus die frühern Gewaltthätigkeiten gegen
Heiden und Häretiker nicht mehr erlaubt seien. [2] Diese Handlungen der Bischöfe auf ihren Eifer für die christliche Religion
zurückzuführen, kam dem Kaiser durchaus nicht in den Sinn.
Wollte er jedoch in den christlichen Laienkreisen Propaganda
machen, so musste er die höhern Kleriker, welche (mit wenigen
Ausnahmen, wie etwa Pegasius von Neuilium) ihren Glauben
nie verleugnet haben würden, von ihren Gemeinden zu trennen
suchen. In der That hat Julian in zwei uns bekannten Fällen
dies Verfahren beobachtet.

---

[1] Jul. ep. 52, p. 436 D.
[2] Jul. ep. 52, p. 436 B, D f.

Der Bischof Titus von Bostra in Palästina hatte dem
Kaiser für sich und seine Geistlichen die schriftliche Erklärung
abgegeben, dass, obgleich die Christen seiner Diöcese den
Heiden numerisch gewachsen seien, sie doch durch seine, des
Bischofs, und seiner Kleriker Ermahnungen von jeder tumul-
tuarischen Bewegung zurückgehalten würden. [3]) — Hervorgerufen war diese Erklärung, wie Sozomenus berichtet [4]), durch
die Drohung Julians, er werde Titus und dessen Priester für
jede Ruhestörung in Bostra verantwortlich machen. Der Kaiser
benutzte nun die Worte des Bischofs, die er selbst uns über-
liefert hat, dazu, durch perfide Auslegung derselben den Samen
der Zwietracht zwischen Titus und seine Diöcesanen zu streuen.
Am 1. August 362 sandte er von Antiochien aus ein Schreiben
an die Bostraner, in welchem er sie darauf aufmerksam machte,
dass ihr Bischof alle Schuld an einem etwa erfolgenden Auf-
stand von sich ab auf seine Gemeinde wälze. [5]) Daraus, dass
Titus seinen Eifer für Aufrechterhaltung der Ordnung betheuerte,
auf seine Ermahnungen an die Christen, Frieden zu halten, hin-
wies, folgert Julian, dass Jener dadurch seine Gemeinde in
den Verdacht der Aufsässigkeit stürze. An diese Verdrehung
der Worte des Titus schliesst Julian die Aufforderung an die
Christen, aus freien Stücken den Bischof zu verjagen, also sich
ihres eignen Hauptes zu berauben. [6]) Um dieser Aufforderung
leichter Eingang zu verschaffen, stehen in dem Briefe neben
verschiedenen Angriffen auf den gesammten geistlichen Stand
die ausdrücklichsten Erklärungen der Toleranz gegen die
Christen überhaupt. Julian warnt die Laienchristen davor, den
Aufforderungen des Klerus folgend, Steine zu erheben und den
Behörden den Gehorsam zu verweigern, und stellt ihnen andererseits frei, ihre Gottesdienste zu halten, wie es ihnen beliebte. [7])

---

[3]) Jul. ep. 52, p. 437 D.
[4]) Soz. 5, 15.
[5]) Jul. ep. 52. p. 437 C—D.
[6]) Jul. ep. 52, p. 438 A.
[7]) Wiggers meint, dieser Brief (ep. 52) erheuchele nur noch die
Toleranz, welche durch Julians damalige Thaten Lügen gestraft werde.
Darin geht Wiggers doch zu weit; der Kaiser wollte nicht nur tolerant
scheinen, sondern blieb es stets seiner Gesinnung nach, nur dass ihn in
der Praxis mehr und mehr seine allgemeinen Maximen im Stich liessen.

Wir wissen nicht, ob die Bevölkerung von Bostra den vom
Kaiser proscribirten Bischof länger in ihrer Mitte geduldet hat,
doch ist es nicht wahrscheinlich, dass man dem indirecten
Befehl des Kaisers Widerstand entgegenzusetzen gewagt hätte.
Die Gestalt des Titus von Bostra erhebt sich nur durch
ihr Auftreten in der Geschichte der julianischen Reaction über
die der übrigen gleichzeitigen Bischöfe; geistig viel hervor-
ragender war ein andrer Kirchenfürst, gegen den Julian ungefähr gleichzeitig vorzugehen beschloss. Es war dies kein
Geringerer als Athanasius. Als derselbe durch das Restitutions-
edict am Anfang der Regierung Julians die Erlaubniss erhielt,
nach Alexandrien zurückzukehren, befand sich auf dem dortigen Patriarchensitz der Arianer Georgius. [8]) Sowie durch des
Letzteren Tod der Stuhl von Alexandrien um die Mitte des
Jahres 362 erledigt wurde, machten die Athanasianer ihr Haupt
wieder zum Bischof, während die Arianer die Kirchen räumen
mussten. [9]) Mit der alten Kraft wartete Athanasius auf's Neue
seines Amtes; die alexandrinische Kirche hatte einen Mittelpunkt gefunden, an dem die Wogen der Reaction sich brachen.
Statt der Propaganda Julians irgendwie zu weichen, machte
der streitbare Bischof noch Proselyten für die eigne Kirche:
mehrere vornehme Frauen Alexandriens wurden von ihm getauft. [10]) Dies erregte unter der heidnischen Bevölkerung
grosses Missbehagen [11]), und es konnte nicht schwer fallen, den
Kaiser davon zu überzeugen, dass des Athanasius' Wirken das
bedeutendste Hinderniss seiner Reactionsbestrebungen sei. [12])
Julian erliess ein Decret an die Alexandriner, welches dem
Athanasius befahl, sofort, nachdem dieser Befehl ihm kund geworden sei, Alexandrien bei Vermeidung schwerer Strafe zu

---

Diese Ansicht ward durch ep. 52 nicht nur nicht erschüttert, vielmehr
grade bestätigt.
[8]) Amm. 22, 11, 3 lässt Georgius bis nach der Hinrichtung des
ägyptischen Statthalters Artemius das alexandrinische Bischofsamt verwalten. Artemius aber wurde während Julians Aufenthalt in Antiochien
hingerichtet. (Amm. 22, 11, 2).
[9]) Sokr. 3, 4.
[10]) Jul. ep. 6.
[11]) Jul. ep. 26.
[12]) Rufin 1, 32.

verlassen. [13]) Nach seiner Art führte der schreibselige Kaiser das Edict durch eine Motivirung ein, welche das Verfahren gegen den grossen Kirchenlehrer als gesetzmässig erscheinen lassen soll, in Wahrheit jedoch Julians Gerechtigkeit in sehr zweifelhaftes Licht stellt. Der Kaiser meint, es wäre billig gewesen, dass Athanasius, welcher durch mehrere Kaiser (vor Constantius schon von Constantin) verbannt worden sei, besondere Erlaubniss abgewartet hätte, ehe er in die Heimat zurückkehrte. Aber hatte nicht Julians Edict allen um des Glaubens willen verbannten Bischöfen die Heimkehr gestattet? Weiter heisst es, den verbannten Bischöfen sei nur die Rückkehr in ihre Heimat, nicht aber die Restitution in ihre Würden zugestanden worden. Aber war nicht Athanasius auf einen erledigten Bischofssitz gehoben worden, nachdem er eine Zeit lang Privatmann gewesen war [14]), und konnte ein Kaiser, der die inneren Angelegenheiten der Kirche gänzlich ignoriren wollte, so lange nicht durch dieselben das Staatsinteresse geschädigt wurde, einer christlichen Gemeinde verbieten, sich ihren Bischof aus denjenigen zu wählen, deren frühere Verbannung derselbe Kaiser als widerrechtlich aufgehoben hatte?

Durch diese angeführten Motive suchte Julian entweder die Alexandriner oder auch sich selbst über seine wahren Beweggründe im Vorgehen gegen Athanasius zu täuschen. Seine wirklichen Motive kennen wir aus einem zweiten Decret in der Sache des alexandrinischen Metropoliten, welches dazu bestimmt ist, dem ägyptischen Präfecten Instructionen über die Durchführung des Verbannungsdecrets zu geben. [15]) Wir er-

[13]) Jul. ep. 26.

[14]) Mücke behauptet S. 74, Athanasius habe gleich nach seiner Rückkehr den Versuch gemacht, das Bisthum wieder an sich zu reissen, während es doch feststeht, dass Athanasius erst, nachdem Georgius gefallen war, zum Bisthum gelangte, und von einem frühern Agitiren des Athanasius für seine Wiedererhebung zum Bischof nur bei dem Arianer Philostorgius (7, 2), und dort aus leicht begreiflichen Gründen, die Rede ist.

[15]) Jul. ep. 6. — Die gewöhnliche Ansicht, der auch Mücke (S. 74) folgt, geht dahin, dass zunächst ep. 26. und, als dies Edict keinen Gehorsam gefunden habe, dann das schroffer gehaltene Schreiben ep. 6 entstanden sei. In den Quellen finden wir jedoch nirgends eine Spur davon, dass Athanasius gezögert hätte, dem Verbannungsbefehl zu gehorchen; auch enthält ep. 6 keinerlei Bezugnahme auf ein in derselben Angelegenheit früher erlassenes Decret. Julian beschwert sich ep. 6 darüber, dass

fahren aus dem betreffenden Decret, dass Julian ergrimmt war, weil durch Athanasius' Bemühen alle Götter verachtet würden. Er will den Feind der Götter vertrieben wissen, welcher jene vornehmen Alexandrinerinnen bekehrt habe. Er trägt dem Präfecten Ecdicius auf, Athanasius nicht nur aus Alexandrien, sondern womöglich aus ganz Aegypten zu vertreiben, und so dringend erschien dem Kaiser diese Sache, dass er dem Präfecten eine schwere Geldstrafe in Aussicht stellte, falls Athanasius am 1. December 362 noch in Aegypten betroffen würde. — Athanasius hat sich dem Befehl, Alexandrien zu verlassen, mit Gleichmuth gefügt. In der festen Ueberzeugung von der Nichtigkeit des julianischen Werkes ist er aus dem Kreis seiner Gemeinde mit den Worten geschieden, man müsse vor der kleinen Wolke, die vorüberziehe, ein wenig bei Seite treten. [16]) Die Verdrängung des Vaters der Orthodoxie auch aus den übrigen Theilen Aegyptens konnte nicht durchgeführt werden, da der ägyptische Präfect seine Spur verlor. Athanasius lebte verborgen unter seinen Anhängern, bis seine Voraussagung sich erfüllt hatte. [17])

Die alexandrinische Christengemeinde wollte kein Mittel unversucht lassen, um ihr geliebtes Oberhaupt sich zu erhalten.

der Präfect über das Verhalten des Athanasius keinen Rapport an den Hof erstattet habe, obwohl er schon lange „die kaiserlichen Beschlüsse" (τὰ καλῶς ἡμῖν ἐγνωσμένα) gekannt habe. Dieser Ausdruck ist viel zu allgemein, als dass wir ihn auf ep. 26 beziehen könnten, wo Athanasius angewiesen wird, ohne jeglichen Verzug Alexandrien zu räumen. Auch würde Julian dem Präfecten, falls diesem jenes directe Verbannungsdecret zugegangen wäre, ohne Ausführung gefunden zu haben, nicht blos vorwerfen, dass er nichts über Athanasius berichtet habe. Das Verhältniss zwischen ep. 26 u. ep. 6 ist nach meiner Ansicht vielmehr dieses: Julian hat nicht etwa durch seinen dazu eigentlich verpflichteten Präfecten, sondern durch heidnische Alexandriner die Nachricht über das Auftreten des Athanasius erhalten. Er erlässt nun einen Befehl an die Alexandriner (διάταγμα Ἀλεξανδρεῦσιν): ep. 26, und zugleich ein vertrauliches Schreiben an den Präfecten von Alexandrien, in welchem derselbe Instructionen über die Ausführung des Verbannungsdecrets empfängt: ep. 6.

[16]) Ruf. 1, 32.

[17]) Die christliche Ueberlieferung weiss von Gefahren zu erzählen, welche den Athanasius auf seinem Wege nilaufwärts umlauert haben sollen. Ein Wunder Gottes hat ihn vor den Nachstellungen der Verfolger gerettet (Rufin 1, 33), nach andrer Version eine List (Sokr. 3, 13—14).

Sie hatte sich, wohl bald nach dem Bekanntwerden des Verbannungsdecrets, mit einer Bittschrift an den Kaiser nach Antiochien gewandt; die ihr zu Theil gewordene Antwort, uns noch vollständig erhalten, lautete jedoch abschlägig. [18]) Julian machte in derselben zunächst den Alexandrinern durch eine längere Ausführung darüber Vorwürfe, dass sich unter ihnen überhaupt Christen fänden: gerade sie hätten besonders Ursache, den Göttern treu zu sein. Er fordert die Bürger Alexandriens auf, seinem Beispiel folgend, zum Götterdienst zurückzukehren; wollten sie aber Christen bleiben, so ständen ihnen viele bessere Lehrer als Athanasius zur Verfügung, um die Schrift auszulegen. Wenn die Alexandriner in ihrer Eingabe besonders auf die Tüchtigkeit ihres Bischofs hingewiesen hätten, so erklärt Julian gerade wegen der Sucht des Athanasius, sich in alle möglichen Händel zu mischen, denselben aus Alexandrien verbannt zu haben, jetzt dehnte er auch den Alexandrinern gegenüber jenes Decret auf den Befehl aus, dass der ägyptische Metropolit das gesammte Nilland meide. Wie in dem Brief an die Bostraner, so findet sich auch in diesem Schreiben an die Alexandriner keine Andeutung davon, dass der Kaiser die christlichen Gemeinden an der ferneren Ausübung ihrer Gottesdienste hindern wollte. In einer Beziehung jedoch bezeichnet unser Erlass einen Fortschritt auf der Bahn der Reactionsbestrebungen; wir finden hier in einem officiellen Schriftstück die directe Aufforderung des Kaisers an seine christlichen Unterthanen in Alexandrien, die Religion des Staatsoberhauptes auch ihrerseits anzunehmen, und die Ver-

Falls der ägyptische Präfect wirklich Leute aussandte, um dem Bischof nachzusetzen, so geschah das nicht, um ihm das Leben zu nehmen, sondern um seine Entfernung aus ganz Aegypten auszuführen. Aber es ist fraglich, ob jener Legende überhaupt ein historischer Vorgang zu Grunde liegt; der sonst überaus legendensüchtige Sozomenus hat die ganze Erzählung seiner Vorgänger ignorirt und berichtet (5, 15) einfach, Athanasius habe mit jenem angeführten Ausspruche Alexandrien verlassen. — Historisch beglaubigt erscheint von der kirchlichen Tradition nur, dass Athanasius trotz des julianischen Decrets Aegypten während der Reaction nicht verlassen hat, sondern sich verborgen dort aufhielt; alle kirchlichen Quellen schweigen von einem ausserägyptischen Aufenthalt des Athanasius in damaliger Zeit.

[18]) Jul. ep. 51.

sicherung, sie würden den Schreibenden sehr erfreuen, wenn es ihnen gefiele zu gehorchen. So war den lauen Gliedern der alexandrinischen Kirche eine Lockspeise gezeigt. von der sie sich um so weniger ferngehalten haben werden, da der Feuergeist des Athanasius nicht mehr die Kirche Alexandriens erfüllte und ihre Glieder vor dem Absterben bewahrte.

13. Politische Massnahmen im Dienste der religiösen Reaction.

Julian hatte von Beginn seiner Regierung an, wie wir sahen, die Maxime verfolgt, den Heiden eine geehrtere, bevorzugte Stellung im Reiche den Christen gegenüber zu geben. In der Zeit seines antiochenischen Aufenthalts ging er in dieser Beziehung noch viel weiter, so dass er seiner religiösen Antipathie eine umfassende Herrschaft über seine politischen Entschlüsse einräumte, ja zuweilen die Christen in ihrem Recht als Reichsbürger unbedenklich verletzte.

Die Stadt Pessinus, dem Kaiser seit seinem Besuch des dortigen Heiligthums wegen ihrer damals bemerkten Abwendung vom Dienst der grossen Göttermutter verhasst, wandte sich, wie es scheint durch die Vermittlung des galatischen Oberpriesters, an Julian, um seine Hülfe in irgend einer nicht näher bekannten Verlegenheit in Anspruch zu nehmen. Der Kaiser schrieb dem Oberpriester Arsacius zurück[1]), er könne diese Hülfe nur in dem Falle gewähren, dass sich die Stadt wieder zum Dienste der Cybele zurückwende. Wenn die Einwohner von Pessinus aber in ihrer Abkehr von der Göttin verharren wollten, so stellte er ihnen nicht nur die Versagung der erbetenen Hülfe, sondern sogar seine offene Feindschaft in Aussicht. Für diesen Entschluss berief sich Julian auf die Worte der Odyssee: „Nicht darf ich Männer unterstützen oder bemitleiden, die den unsterblichen Göttern verhasst sind."

Sozomenus berichtet[2]), dass die von den Persern bedrängte Stadt Nisibis, welche sich dem Befehl der Tempelöffnung nicht gefügt hatte, Gesandte zu Julian geschickt habe, um seine

---

[1]) Jul. ep. 49, Ende. — Der sonstige Inhalt dieses Schreibens zeigt, dass dasselbe bald nach der Reise durch Kleinasien entstand.

[2]) Soz. 5, 3.

Unterstützung gegen die Feinde zu erlangen. Julian drohte, er werde diese Unterstützung nicht gewähren, auch keine Gesandtschaft der götterfeindlichen Stadt annehmen und eben so wenig die Letztere betreten, wenn nicht zuvor dort die Restitution des Göttercults durchgeführt sei. So benutzte er die bedrängte Lage von Nisibis, um einen Druck im Interesse seiner Lieblingsidee auf dasselbe auszuüben; er wollte durch Einschüchterung durchsetzen, was er durch einfache Aufforderung und Ueberredung zu erreichen nicht vermocht hatte.[3])

Diesem parteiischen Vorgehen gegen Nisibis reiht Sozomenus[4]) noch ein weiteres Beispiel der Kränkungen an, welche die Christen in ihren Staatsbürgerrechten durch Julian erfahren haben. Doch ist dies Beispiel von nur zweifelhafter Beweiskraft, wenn auch das betreffende Factum unbedenklich als historisch anzunehmen ist. Der Hafenort der palästinensischen Stadt Gaza (woher die Familie des Sozomenus stammte), Majuma, war bis zu Constantins Zeit in Bezug auf Gemeindeverfassung mit Gaza selbst verbunden gewesen. Constantin verlieh den Einwohnern Majumas als Belohnung ihrer eifrigen Parteinahme für die Kirche das Stadtrecht. Die Bürger Gazas, welche diese Massregel als schwere Schädigung empfanden, trugen Julian ihre Sache vor, worauf dieser die Verfügung Constantins einfach wieder aufhob und Majuma, welches den stolzen Namen Constantia erhalten hatte, auf's Neue dem Rathe von Gaza unterordnete. Gewiss hat religiöse Abneigung

---

[3]) Mücke zieht S. 265 gegen diesen Bericht des Soz. zu Felde, doch nicht mit allzu starken Waffen. Ammians Schweigen beweist uns durchaus nicht, dass wir vor einer erdichteten Angabe stehen. Der Widerspruch zwischen Julians Worten an die Gesandten von Nisibis und seiner Gerechtigkeitsliebe ist nicht grösser als derjenige zwischen dem Vorgehen gegen Pessinus und jener von Mücke oft betonten Gerechtigkeitsliebe Julians. Der Feldzug gegen die Perser, der den Bewohnern von Nisibis Hülfe brachte, widerlegt die Beschuldigung des Soz. durchaus nicht. Letzterer erzählt doch nur, dass Julian den Gesandten von Nisibis mit Versagung der Hülfe gedroht habe, nicht aber, dass die Stadt factisch ohne Hülfe geblieben sei. Diese Drohung im Munde des erregten Kaisers, der unter den Vorbereitungen zum Perserkriege überall Misserfolge seiner Reactionsbestrebungen fand, und vor welchem nun bittflehende Gesandte einer christlichen Stadt erschienen, hat in der That nichts Ungeheuerliches.

[1]) Soz. 5, 3.

zu diesem Beschluss Julians mit beigetragen, aber hauptsächlich wird er doch politischen Motiven gefolgt sein. Dies geht
daraus hervor, dass bis auf Sozomenus' Zeit die Verfügung
Julians in Kraft war, dass also keiner der gut christlichen
Kaiser, welche nach dem Apostaten regierten, den von Letzterem
annullirten Willen Constantins wieder zur Geltung gebracht hat.

Julian legte Werth darauf, die religiöse Stellung seiner
Unterthanen, wo er es konnte, kennen zu lernen. So pflegte
er in Antiochien sich nach dem Glaubensbekenntniss der vor
Gericht erscheinenden Parteien zu erkundigen, ohne jedoch als
Richter sich dann von religiösen Sympathieen und Antipathieen
bestimmen zu lassen. [5]) Nur wenn die Christen gegen Beamte
klagbar wurden, durch deren Habsucht sie in zu grosse Geldstrafen verurtheilt zu sein glaubten, pflegte Julian wohl spöt-
tisch den Klägern zuzurufen, es sei doch Gebot ihres Gottes,
Unbill von Andern geduldig zu ertragen. [6]) Doch solche Aus-
nahmefälle stützen nicht Gregors übertriebene Versicherung,
dass Julian den Christen die Benutzung der Gerichte abge-
schnitten, sie überhaupt aller Staatsbürgerrechte gänzlich beraubt
habe. [7]) Dagegen ist durchaus glaublich, was Rufin und Sokrates berichten [8]), dass der Kaiser den Christen die Zulassung
zu Verwaltungs- und Gerichtsstellen versagte mit dem spöt-
tischen Bemerken, es verbiete ihnen ja ihr eignes Gesetz den
Gebrauch des Schwertes. [9]) Auch im Heer suchte Julian die
Führung immer mehr in die Hände von Heiden zu legen; er
erliess den Befehl, dass nur denjenigen Soldaten, welche
opferten, das Gradabzeichen des Wehrgehenks gegeben werden
solle. [10]) Hier handelte es sich jedoch eben so wenig um De-

---

[5]) Amm. 22, 11, 2.
[6]) Sokr. 3, 4.
[7]) Greg. Or. III, p. 94 A.
[8]) Ruf. 1, 32 (auch die Chronologie bestimmend). Sokr. 3, 13.
[9]) Diese von den Kirchenhistorikern dem Kaiser zugeschriebene Bemerkung ist dem Charakter desselben ganz angemessen und findet in
Jul. ep. 43 eine Analogie. Der Umstand, dass Rufin sich auf solche Motivirung jenes julianischen Beschlusses bezieht, lässt vermuthen, dass dem
Presbyter von Aquileja das betreffende Kaiseredict noch bekannt war.
[10]) Ruf. 1, 32.

gradirung oder Entlassung aller christlichen Soldaten höhern Ranges, wie in der Civilverwaltung um Absetzung aller christlichen Beamten. Wer einmal im Amt war, blieb in demselben trotz seiner kirchenfreundlichen Haltung, aber die neu zu ernennenden Staatsdiener sollten aus der Zahl der Heiden ausgewählt werden. [11])

Entzog der Kaiser so seinen christlichen Unterthanen in mancher Beziehung die politische Gleichberechtigung mit den übrigen Reichsangehörigen, so liess er dafür nicht nur den Heiden eine besondere Gunst angedeihen, sondern seine Abneigung gegen die Christen kam auch dem bis dahin niedergedrückten jüdischen Volke zu Gute. Julian sah die Stärkung des Juden-

---

[11]) Sokr. spricht (3, 13) ausserdem von einer besondern, harten Besteuerung der Christen durch den Kaiser, welcher auf diese Weise die Kosten zur Bestreitung des Perserkriegs aufgebracht haben soll. Jedermann, der sich weigerte zu opfern, soll je nach seinem Vermögen eine grössere oder kleinere Summe an den Fiscus haben entrichten müssen. Diese Angabe des Sokrates wird darauf zu reduciren sein, dass hin und wieder ein Christ zu Geldstrafen verurtheilt wurde, wenn er etwa den mit heidnischen Emblemen geschmückten Kaiserstatuen die Reverenz verweigerte. Hätte nämlich Julian wirklich ein Gesetz erlassen, wie Sokrates es voraussetzt, so würde dies, da es die Christen viel mehr schädigte, als die Ausschliessung von den Staatsämtern, von Rufin sicherlich nicht vergessen sein. — In der Briefsammlung Basilius' des Grossen findet sich ep. 208 — 209 ein Briefwechsel zwischen dem Kaiser Julian und dem cappadocischen Metropoliten. Der Kaiser fordert von Basilius die Erlegung von tausend Pfund Gold, welche in die Kriegscasse für den bevorstehenden Perserkrieg abgeführt werden sollten. Falls Basilius die geforderte Summe nicht erlege, wird ihm die Zerstörung der Stadt Cäsarea in Aussicht gestellt. — Dieser Brief, auf welchen Basilius mit Schmähungen des Verfolgers der Kirche einfach abschlägig antwortete, ist eben so rein erdichtet, wie seine angebliche Erwiderung. Zu der Bedenklichkeit seines Inhalts an sich tritt der Mangel an äusserer Bezeugung als vernichtendes Argument hinzu. Ueber diesen Briefwechsel schweigen nicht nur die Kirchenhistoriker, sondern auch der vertraute Freund und Landsmann des Basilius, Gregor von Nazianz. Dieser weiss vielmehr zu erzählen (Or. IV, p. 132 b), dass Julian dem Basilius nichts angethan habe, und will daraus schliessen, dass er sich diesen heftigen Widersacher wohl habe bis zuletzt aufsparen wollen. — Ein späterer Verehrer des Basilius wünschte seinem Helden den Ruhm thatkräftigen Widerstandes gegen den heidnischen Kaiser zu verschaffen und erdichtete einen strengen und herausfordernden Brief Julians, um jene kühne Antwort des cappadocischen Kirchenfürsten erfinden zu können.

thums, des ältesten und erbittertsten Feindes der Kirche, als
ein Moment seiner Reaction gegen die Letztere an. Freilich
war er dem Particularismus der mosaischen Lehre durchaus
abgeneigt [12]), andererseits aber mussten die Opferinstitutionen
der Juden ihm sympathisch sein und den Mosaismus in seinen
Augen viel höher stellen als das Christenthum. [13]) Um den
Juden Gelegenheit zu geben, ihre lange unterbrochenen Opfer
wieder aufzunehmen, und um dem früher in Jerusalem verehrten
Gott diese Verehrung auf's Neue zukommen zu lassen, ordnete
der Kaiser kurz vor dem Perserkrieg den Neubau des dreimal
zerstörten Jahvetempels zu Jerusalem auf Kosten des Staats-
säckels an. [14]) Vorher schon hatte er an die Judenschaft eine
Proclamation ergehen lassen [15]), in welcher er ihr anzeigte, dass
die drückenden Steuern, mit denen das jüdische Volk erst neuerdings durch Constantius und seine christlichen Rathgeber be-
lastet worden war, ferner nicht mehr erhoben werden sollten.
Julian verhiess den Juden sogar, er werde nach Beendigung
des Perserkriegs das neuerstandene Jerusalem besuchen und

---

[12]) Jul. ap. Cyr. p. 106; p. 148.
[13]) Jul. ap. Cyr. p. 305.
[14]) Diese Motive führt Julian selbst an: Fr. p. 295 C. ep. 25. Ammian,
der für die religiösen Stimmungen Julians auch in diesem Punkte kein
Verständniss zeigt und sie nicht zur Erklärung seines Handelns heran-
zieht, führt den Tempelbau auf Julians übermässige Baulust zurück
(23, 1, 2). Die Christen suchten sich die Restitution des jüdischen Heiligthums auf verschiedene Weise zu erklären. Gregor (IV, p. 111 B) meint,
Julian habe die Juden, deren Feindschaft gegen die Christen er kannte,
in den Dienst seiner Bekämpfung der Kirche stellen wollen. Rufin (1, 37)
sieht in des Kaisers Vorgehen nur eine Verspottung der unglücklichen
Juden. Philostorgius schreibt ihm gar die Absicht zu, Christi Weissagung
über den Fall des Tempels zu Jerusalem zu Schanden zu machen (7, 9).
Sokrates kehrt (3, 20) zu einer ruhigern Betrachtung jenes Vorganges
zurück; er berichtet, der Kaiser habe, um nur recht viele Opfer in's
Werk zu setzen, durch Wiedererbauung des jüdischen Tempels den Juden
die unerlässliche Bedingung ihres Opfercults darbieten wollen. Sozomenus
(5, 21) fasst den Befehl des Kaisers so auf, das Letzterer durch Bevorzugung der Juden die Christen habe beleidigen wollen; auch könne der
Kaiser geglaubt haben, die Juden, „welche das alte Testament buch-
stäblich, nicht wie die Christen geistig (i. e. typisch) deuten,“ leichter
zum Hellenismus herüberziehen zu können als die Christen.
[15]) Jul. ep. 25.

mit ihnen vereint ihrem Gotte seine Verehrung bezeugen. Der
Bau des Tempels, welcher von einem höhern heidnischen Beamten,
Alypius, geleitet wurde, ist nicht viel über die Vorarbeiten
hinausgekommen, denn ein Erdbeben verhinderte die Legung
der Fundamente [16]), und das sehr bald folgende Ende der Regierung Julians vereitelte die Wiederaufnahme der Arbeit, damit aber verschwand die letzte Hoffnung des jüdischen Volkes,
den salomonischen Tempel in neuer Pracht wieder erstehen
zu sehen.

14. Die religiösen Kämpfe in den Provinzen und Julians Stellung zu ihnen.

Es war Julians Bestreben, die Reaction gegen die Kirche
ohne Verletzung der öffentlichen Ordnung und Ruhe durchzuführen, aber seine Erlasse mussten in den Provinzen eine Gährung
unter den Religionsparteien hervorrufen. In christlichen Kreisen
erwachte der Drang nach dem Martyrium, der Wunsch, für die
Sache Christi Gut und Blut einzusetzen. Man vermochte in
den Provinzen eben so wenig wie in Antiochien die Erbitterung
gegen den neuen Jerobeam oder Nebukadnezar zu unterdrücken.
Die Heiden fühlten sich nach langer Demüthigung wieder als
Vertreter der Staatsreligion und wollten jetzt Rache nehmen
an den Galiläern, welche unter Constantius Tempel zerstört
und die Götter verhöhnt hatten. Ihnen schien die Reaction
von oben her nicht nachdrücklich genug zu sein; warum sollte
man warten, bis es den trotzigen Gliedern der Kirche gefiele,
sich von der Wahrheit des Götterglaubens überzeugen zu lassen!
Man meinte dem Hellenismus weit mehr zu nützen, wenn man
die Galiläer mit Gewalt angriff, zumal man den Kaiser selbst
immer erregter werden, immer mehr an der Besiegung des
galiläischen Irrthums durch Belehrung verzweifeln sah. So ist
es denn an verschiedenen Orten, namentlich in der zweiten
Hälfte der Regierungszeit Julians [1]), zwischen Heiden und

---

[16]) Amm. 23, 1, 3. — Dass die christlichen Quellen dies Erdbeben,
bei dem Flammen aus der Erde schlugen, auf ein göttliches Wunder
zurückgeführt haben, erscheint fast selbstverständlich. —
[1]) Sokr 3, 13 verlegt den Anfang der Religionstumulte in den Provinzen in die Zeit der Reise Julians zum Perserkriege.

Christen zu offenen Zusammenstössen gekommen. Auch hat es nicht an kaiserlichen Beamten gefehlt, welche, sei es aus Religionshass, sei es aus Habsucht, ihre Instructionen für das Verhalten gegen die Christen überschritten und sich Gewaltmassregeln zu Schulden kommen liessen. [2]) Immerhin sind die Verfolgungsacte unter der Herrschaft Julians nicht so zahlreich gewesen, wie wir annehmen möchten, wenn wir z. B. bei Philostorgius lesen [3]), die Heiden hätten durch Julian unbeschränkte Freiheit in ihrem Vorgehen gegen die Christen erhalten, und Letztere seien dadurch in grosse Bedrängniss, in unglaubliche Uebel gerathen. Solchem summarischen Urtheil hat die christliche Ueberlieferung doch zu wenig Belege an einzelnen Thatsachen hinzugefügt, als das wir dasselbe eines besondern Vertrauens würdigen dürften. Gregor berichtet uns nur wenige Verfolgungsthatsachen, und wir haben keinen Grund anzunehmen, dass er ihm bekannte Märtyrergeschichten verschwiegen hat. Rufin geht gar nicht auf solche Erzählungen ein, und die spätern Kirchenhistoriker fügen den aus Gregor bekannten Thatsachen fast gar keine neue hinzu.

Die erste Gewaltthat gegen Christen war dem Anschein nach diejenige, welche sich bald nach Julians Reise durch Kleinasien in der Hauptstadt Aegyptens ereignete. [4]) Der frühere Statthalter von Alexandrien, Artemius, wurde auf Befehl des Kaisers wegen der zahlreichen Gewaltthätigkeiten, deren ihn seine Provincialen anklagten, in Antiochien hingerichtet. [5]) Die Alexandriner hatten gefürchtet, Artemius würde, wie er gedroht hatte, unbestraft zu neuen Gewaltthaten zurückkehren; um so grösser war jetzt ihr Jubel. Sie fühlten sich geschützt gegen Uebergriffe, die sie unter Constantius ruhig hatten erdulden müssen, und ihre Zuversicht ging so weit, dass sie sich hinreissen liessen, an einem zweiten Günstling des Constantius, dem Bischof Georgius, jetzt selbst Justiz zu üben.

---

[2]) Sokr. 3, 14.
[3]) Philost. 7, 1.
[4]) Amm. 22, 11, 3—10; die Kirchenhistoriker Sokr. u. Soz. stellen diese Affaire an die Spitze aller Märtyrergeschichten.
[5]) Amm. 22, 11. 2. — Da Artemius ein Christ war, so hat der späte Zeuge Theodoret (3, 18) seine aus politischen Gründen erfolgte Hinrichtung unter die Verfolgungsacte gegen die Christen eingereiht.

Derselbe hatte nicht nur die Verfolgung des Hellenismus eifrig betrieben, sondern sich auch politisch als Spion des Kaisers Constantius sehr anrüchig gemacht. Zu all' seinen früheren Thaten war vor nicht langer Zeit eine Drohung gegen den Bestand des Tempels des alexandrinischen Genius hinzugekommen. Georgius hatte vor diesem glänzenden Tempel seiner ihn begleitenden arianischen Gemeinde zugerufen: „Wie lange wird dies Grab stehen?" Die Heiden hatten diese Worte noch in frischer Erinnerung, als die Nachricht vom Tod des Artemius eintraf. Nun ergriff man den Bischof Georgius und marterte ihn zu Tode. Dem ersten Opfer fügte die entfesselte Leidenschaft des Volkes sofort noch zwei weitere hinzu. Der Münzmeister Dracontius büsste die Niederreissung des Altars der Moneta mit qualvollem Tode, und der Leiter eines Kirchenbaues erlitt ein gleiches Schicksal, weil er allzu rücksichtslos Knaben durch Anbringung der Tonsur in den Dienst der Kirche gezogen hatte. [6]) Die Leichen der Erschlagenen wurden auf Kameelen zur Meeresküste gebracht und dort verbrannt. Ihre Asche ward in's Meer gestreut, damit die christliche Bevölkerung dieselbe nicht beisetze und die Gräber Georgs und seiner Unglücksgefährten nicht etwa als heilige Stätten gleich denen der früheren Märtyrer verehre. Ammian spricht die Ansicht aus, dass die Christen wohl im Stande gewesen wären, die drei zu Tode geführten Männer zu vertheidigen, aber Georgius sei eben allseitig zu sehr verhasst gewesen, als dass sich eine Hand für ihn erhoben hätte. Wahrscheinlich sahen damals die Athanasianer die Beseitigung des bisherigen Metropoliten nicht ungern; führten sie doch gleich darauf ihren grossen Kirchenlehrer in sein altes Bischofsamt wieder ein. [7])

---

[6]) Amm. 22, 11, 9. — Mücke hat (S. 113) die Worte des Ammian: „cirros puerorum licentius detondebat, id quoque ad deorum cultum existimans pertinere" in dieser Weise jedenfalls richtig gedeutet.

[7]) Sokr. 3, 2 berichtet über den Anlass der Ermordung des Georgius (diejenige seiner Leidensgefährten scheint er nicht zu kennen) Folgendes: die Christen hatten eine Stelle, wo früher ein Heiligthum des Mithras gewesen war, als Bauplatz für eine Kirche erhalten. Beim Aufgraben des Grundes stiess man auf menschliche Gebeine, die man als vermeintlichen Beweis früherer Menschenopfer der Heiden triumphirend durch die Strassen

Julian erfuhr bald von diesem Excess und soll nach Ammians Zeugniss[8]) im ersten Augenblick Verhängung schwerer
Strafen beschlossen haben; jedoch gelang es seiner Umgebung,
diesen Entschluss zu beseitigen. Julian hat schliesslich Niemand gestraft, sondern seinen Zorn nur durch ein Edict an
die Alexandriner ausgedrückt.[9]) Dies Edict ist gerade nicht
allzu scharf gehalten; der Kaiser tadelt freilich die Alexandriner,
weil sie den Georgius nicht den rechtmässigen Richtern über-
liefert, vielmehr denselben tumultuarisch zu Tode gebracht
hätten, aber der Brief macht den Getadelten doch wieder viel
Complimente wegen ihres Eifers für die Götter und zählt recht
geflissentlich die provocirenden Thaten des Georgius auf, von
dem gesagt wird, dass er ein noch viel härteres Geschick verdient habe. Ob solch ein Schreiben auf die Alexandriner wirklich
niederschmetternd gewirkt habe, muss man billig bezweifeln.

Noch zwei weitere Briefe Julians stehen mit dem Tode
des Georgius in Verbindung[10]); sie zeigen, wie der Kaiser aus
der That seiner alexandrinischen Unterthanen für sich einen
Vortheil zu ziehen bemüht war. Er richtete einmal an den Präfecten Ecdicius, dann an einen gewissen Porphyrius den Befehl, die Bibliothek des todten Bischofs zu durchsuchen und
alle nicht theologischen Bücher, die sich vorfänden, ihm für
seine Privatbibliothek nach Antiochien zu schicken.

---

trug. Daraufhin rotteten sich die Heiden zusammen und tödteten viele
Christen, zum Theil auf qualvolle Weise; schliesslich ergriffen sie dann
den Georgius. — Diese ganze Erzählung ist spätere Legende. Ammian,
der sich über den damaligen Vorfall in Alexandrien so genau unterrichtet
zeigt, kennt nur drei Opfer des Tumults; er würde jenen Strassenkampf
mit seinem blutigen Ausgang nicht verschwiegen haben. Ebenso findet
sich in dem Edict Julians an die Alexandriner nach Georgius' Ermordung
auch nicht die leiseste Andeutung der von Sokrates berichteten Gewaltthaten. — Erweist sich aber der Kirchenhistoriker in diesem durch
Ammian u. Julian controlirbaren Bericht als unzuverlässig in den Einzelheiten, so muss uns das ein Wink sein, dem Sokrates wie den übrigen
kirchlichen Quellen auch bei den von ihnen allein bezeugten Martyrien
nicht alle Einzelheiten ohne Weiteres zu glauben, vielmehr manches von
ihnen Berichtete auf Rechnung ausschmückender Legendenbildung zu setzen.

[8]) Amm. 22, 11, 11.
[9]) Jul. ep. 10.
[10]) Jul. epp. 9 u. 36.

Ein ähnlicher Vorfall wie in Alexandrien hat sich nach Sozomenus [11]) damals in Gaza ereignet, indem einige als Tempelzerstörer bekannte und verhasste Christen einem Volksauflauf zum Opfer fielen. Nach der That bemächtigte sich der Betheiligten eine grosse Furcht vor Bestrafung durch den Kaiser; man machte sich sogar auf zahlreiche Hinrichtungen gefasst, doch erfolgte schliesslich gar keine Bestrafung. [12]) Auch im syrischen Arethusa fiel ein solcher Volksaufstand vor; derselbe richtete sich ebenfalls gegen einen Tempelzerstörer aus früherer Zeit, den dortigen Bischof Marcus, welcher alle Aufforderungen der Menge, Schadenersatz zu leisten, trotzig zurückwies und lieber in den Tod ging. [13])

Man wird den Kaiser Julian von der directen Unterstützung solcher stürmischen Angriffe auf Leib und Leben der Christen freisprechen müssen, wenn man auch an ihm ein kräftiges Einschreiten gegen dieselben vermissen wird. Viel weniger zurückhaltend war er hingegen mit seinem Beifall gegenüber den Angriffen der Heiden auf die christlichen Kirchen und namentlich auf die verhassten Märtyrergräber. Im Misopogon hält Julian den Antiochenern das Beispiel benachbarter Städte in dieser Beziehung vor. [14]) Dieselben haben nicht nur sofort

---

[11]) Soz. 5, 9.

[12]) Der Bericht des Sozomenus ist im Grossen und Ganzen unanfechtbar; die Gräber der drei Märtyrer waren zu seiner Zeit vorhanden, und die Erwartung der Gazäer, es würde sie Strafe von Julian treffen, scheint ein echt historischer Zug zu sein. Der Zusatz des Soz. jedoch, Julian habe den Verwalter der Provinz Palästina zur Verantwortung gezogen, weil er einige der Uebelthäter in Haft genommen habe, beruht auf späterer Erdichtung. Namentlich das bei dieser Gelegenheit dem Kaiser in den Mund gelegte Wort, wie man Solche bestrafen dürfe, die doch nur an einigen Galiläern Rache genommen hätten, trägt handgreiflich den Stempel der Fälschung. Es passt durchaus nicht zu dem sonstigen Verfahren des Kaisers, dessen Liebe zu formaler Gerechtigkeit wir in dem kurz vorher erwähnten Edict an die Alexandriner erkannt haben.

[13]) Greg. III, p. 88 B f. Soz. 5, 10. Die einzelnen Parthieen dieser Erzählung sind von Gregor, dem Sozomenus nachfolgt, so rhetorisch ausgemalt, dass sie weiter keinen Glauben verdienen. Ganz ebenso verhält es sich mit der Erzählung Gregors (III, 87 D) und des Soz. (5, 10) über einen Angriff der Bewohner von Heliopolis am Libanon auf christliche Frauen, die zu Tode gemartert worden sein sollen.

[14]) Jul. Misop. p. 361 A B.

die Göttertempel wieder hergestellt, sondern auch alle Märtyrergräber zerstört und dies nicht etwa aus eigner Machtvollkom-
menheit, sondern auf ein Zeichen, welches der tolerante und
gerechte Kaiser ihnen selbst gegeben zu haben bekennt. Allerdings sind jene Städte in ihrem Eifer zuweilen schroffer gegen
die Ungläubigen aufgetreten, als es dem Kaiser lieb war. Zu
diesen Eiferern für die Götter der Vorzeit gehörten auch die
Einwohner von Emisa südlich von Antiochien, welche die Kapellen auf den Märtyrergräbern durch Feuer zerstört hatten.
Julian richtet an die Antiochener die Frage, ob er deshalb
jemals einen Emisener gekränkt habe. [15]) So sehen wir den
Kaiser um die Wende der Jahre 362 und 363 dazu vorschreiten,
deutlich seine Unterthanen zum Zerstören christlicher Cultusstätten aufzufordern, wie er denn selbst auch bereits mehrere
Monate zuvor die Grabesruhe des Märtyrers Babylas gestört
hatte. Aber auch an ganz directen Befehlen des Kaisers zum
Zerstören christlicher Kirchen fehlt es nicht. So sandte Julian,
freilich unter dem Eindrucke des antiochenischen Tempelbrandes,
dem Statthalter Cariens den Befehl, zwei im Bau begriffene
Märtyrerkapellen in der Nähe des Apollotempels zu Milet, falls
dieselben schon mit einem Altar versehen wären, zu verbrennen,
falls sie noch im Baue zurück wären, durch Niederreissen der
Mauern dem Erdboden gleich zu machen. [16])

Bei den besprochenen Fällen sind es die Heiden, welche
im Gefühl des Uebermuths oder im Aufflammen des Rache-
geistes den augenblicklichen Frieden brachen. Jedoch sind
uns auch Fälle aus der Regierungszeit Julians bekannt, in denen
die Christen durch fanatischen Angriff auf den heidnischen Cult
das Einschreiten der Staatsgewalt geradezu herausforderten.

---

[15]) Jul. Misop. p. 357 C.

[16]) Dies Edict ist nur im Excerpt des Sozomenus erhalten. Soz. sagt
5, 20 ausdrücklich: ὁ βασιλεὺς ἔγραψε τῷ ἡγεμόνι, worauf die Inhaltsangabe
des Edicts folgt. An solchen Erlassen, die uns noch erhalten sind, erkennt
man die Zuverlässigkeit des Soz. bei Anziehung von julianischen Kaiser-
decreten; auch würde ein Fälscher kaum darauf verfallen sein, die beiden
möglichen Arten der Zerstörung der Kapellen neben einander zu stellen;
gerade diese Nebeneinanderstellung der Zerstörungsarten, welche je nach
dem Stande des Kapellenbaus in Anwendung gebracht werden sollen,
spricht für die Echtheit des Excerpts des Soz.

So erzählt uns Sokrates [17]) von drei Jünglingen in der phrygischen Stadt Merus, welche in den neugeöffneten Tempel einbrachen und die Statuen der Götter zertrümmerten. Freiwillig stellten sie sich dann dem phrygischen Präfecten und erlitten muthig im Siegesgefühl, das Martyrium zu erlangen, den Tod. — Weiter wissen wir, dass im cappadocischen Cäsarea die grosse Masse der Bevölkerung, welche dem Christenthum ergeben war und schon früher die Tempel des Zeus und Apollo zerstört hatte, nunmehr, unter Julians Regierung, trotz der Reactionsbewegung vom Hof her auch den letzten Tempel in der Stadt, den der Tyche, dem Erdboden gleich machte. [18]) Ein solches Vorgehen erregte des Kaisers Zorn ausserordentlich; den wenigen Heiden unter den Stadtbewohnern machte Julian die heftigsten Vorwürfe über ihre Unthätigkeit, der Präfect Cappadociens wurde entsetzt und zum Exil verurtheilt [19]), das Kirchengut der Provinz ward confiscirt, die Priesterschaft zum Militärdienst in der Provinz gezwungen. Die Bürger mussten dreihundert Pfund Gold als Strafe an den Kaiser senden, verloren ihre Privilegien und wurden den Dorfbewohnern gleich gestellt, Cäsarea ward aus dem Städteverzeichniss gestrichen. [20]) Diese Bestrafung ist keineswegs eine milde zu nennen [21]), es war an jener Stadt ein Exempel statuirt, welches die Christen aller Orten einschüchtern sollte, und mit Recht konnte Libanius seine

---

[17]) Sokr. 3, 15.

[18]) Gregor III, p. 91 D f. Soz. 5, 4.

[19]) Dies Letztere berichtet Gregor III, p. 92 A; er führt die Absetzung des Präfecten jedoch in seiner Manier darauf zurück, dass dieser einige Glieder der heidnischen Bevölkerung verhaftet habe. Gregor setzt voraus, dass die heidnischen Cäsarienser auf die Christen einen wüthenden Angriff gemacht hätten, aber dieser Voraussetzung widerspricht Sozomenus mit der Notiz über den Vorwurf, welchen der Kaiser gegen die verschwindende Minorität der heidnischen Cäsarienser geschleudert hat. Wie kann die Zahl der Heiden, welche in Cappadocien zur Zeit der Reise Julians nach Antiochien fast verschwunden waren, dort binnen wenigen Monaten derart gewachsen sein, wie wir bei Festhalten an Gregors Bericht annehmen müssten!

[20]) Soz. 5, 4.

[21]) Mücke schreibt S. 88: „Dies Verbrechen wurde von Julian mit einer Milde bestraft, die ihm darum doch nicht den Dank der Stadt eintrug." Dies bis zum Extrem parteiische Urtheil findet an den Thatsachen der Bestrafung seine beste Kritik.

antiochenischen Landsleute auf das Geschick Cäsareas als auf ein abschreckendes Beispiel der Folgen offener Opposition gegen den Kaiser Julian hinweisen. [22])

Auch unter der kirchenfeindlichen Regierung Julians hörten die Gewaltthätigkeiten der christlichen Parteien gegen einander nicht auf; die gemeinsame Noth, welche sonst innere Streitigkeiten verstummen macht, konnte den glühenden Sectenhass nicht auslöschen und es nicht verhindern, dass derselbe gelegentlich in verheerender Gluth aufloderte. So fielen in Edessa die Arianer über die Glieder der valentinianischen Secte her und richteten viel Unheil an. In diesem Falle zeigte sich Julian sehr schnell zum Eingreifen bereit; er confiscirte das ganze Vermögen der arianischen Kirche Edessas, das baare Geld überliess er den Soldaten, die Liegenschaften verleibte er seinem Privatvermögen ein. So zog der heidnische Kaiser aus dem Kampf der christlichen Secten Vortheil, während die eigentlichen Geschädigten, die Valentinianer, keinerlei Ersatz erhalten haben. Voll Hohn rechtfertigte Julian seine Massregel damit, er wolle den Christen ihre Reichthümer nehmen, um ihnen dazu zu verhelfen, dass sie als Arme leichter in den Himmel kämen, denn die Armuth sei ja eine Forderung ihrer Religion. [23]).

V. Der Ausgang der julianischen Reaction.

15. Der Stand der Reaction während des Perserkriegs und des Kaisers letzte Angriffe auf die Kirche.

Als Julian im Frühjahr 363 den Zug gegen die Perser antrat, athmeten die Christen erleichtert auf; freilich blieb ihnen die Besorgniss, die Reaction werde bei siegreichem Ausgange des Feldzugs mit neuer Kraft aufgenommen werden [1]), und

---

[22]) Lib. De ira imper. R. I, p. 488.
[23]) Jul. ep. 43.
[1]) Diese Furcht gab zu dem Gerücht Anlass, welches Gregor (Or. IV, p. 114 D) gläubig aufnimmt, Julian habe ein Gelöbniss gethan, sämmtliche

dann musste es sehr zweifelhaft werden, ob die Kirche in ihrer
bis jetzt noch bewahrten Macht sich weiter halten würde.
Einstweilen war das ganze Abendland noch wenig von dem
Vorgehen Julians berührt worden; es ist merkwürdig, dass der
occidentalische Kirchenhistoriker Rufin so gar nichts von
Reactionsthatsachen in seiner Heimat berichtet. Allerdings
waren die allgemeinen Anordnungen Julians auf Restitution
der Tempel, auf Heranziehung der Christen zu den Curien, auf
Beseitigung christlicher Lehrer der Literatur auch für den
Westen des Reichs publicirt, aber wir erfahren nichts über
deren Handhabung und Durchführung in den westlichen Provinzen. Anders sah es allerdings im Orient aus. Dort hatte
die Kirche manche Einbusse erlitten, manchen harten Schlag
empfangen; an einzelnen Orten erlahmte bereits die Opposition.
Dies war sogar in Antiochien der Fall, dessen Einwohner sich
früher so tapfer dem Kaiser gegenüber gehalten hatten. Jetzt
waren dieselben einmal durch die Härte des neuen Statthalters
Alexander eingeschüchtert, andererseits berührte es sie sehr
schmerzlich, dass Julian ihrer Stadt den Rang der Residenz
nehmen wollte. Sie baten den in ihrer Mitte weilenden Libanius,
er möge sich bei seinem Gönner dafür verwenden, dass dieser
seinen Aufenthalt wieder in Antiochien nehme. [2]) Libanius be-
reitete eine in diesem Sinne gehaltene Anrede an den Kaiser
für dessen Rückkehr aus dem Perserkriege vor, inzwischen aber
wandte er sich in einer andern Rede an die dem Kaiser verhasst gewordenen Antiochener; er hielt ihnen ihr bisheriges
Benehmen gegen Julian tadelnd vor und forderte sie vor allen
Dingen auf, dem Zeus wie den übrigen Göttern ihre Stadt
wieder zu geben; in diesem Fall würden sie gleichzeitig des
Kaisers Gunst und das wahre Wissen von den Göttern gewinnen. [3]) Libanius betont, dass die Antiochener die ge-
öffneten Tempel noch mieden, über deren frühere Schliessung
man habe jammern müssen, nun sollten sie sich nicht auf ihre
Frauen, Mütter, Schaffnerinnen und Köche oder auch auf die

Christen den Dämonen zu unterwerfen. Rufin theilt 1, 36 mit, Julian
sei mit der Drohung geschieden, die Christen nach seiner Rückkehr noch
härter zu verfolgen.

[2]) Lib. Leg. ad. Jul. R. I, p. 453 f.

[3]) Lib. De ira Imper. R. I, pp. 502–503.

Länge der Zeit berufen, als schämten sie sich deshalb, das
Christenthum jetzt wieder zu verlassen. [4]) In der That scheint
das Schamgefühl vor dem Abfall von der Kirche damals
Manchen entschwunden zu sein. Voll Freude konnte Libanius
seinem kaiserlichen Freunde schreiben [5]), der harte Statthalter
habe die trägen Antiochener thätig gemacht; kein geringer
Theil derselben habe sich geändert, Calliope werde würdig ge-
ehrt, wie der Kaiser es wollte, und laute Anrufungen der
Götter ertönten. Ein grosser Theil des antiochenischen Raths
eilte dem Kaiser bald nach seiner Abreise nach und erhielt
in dem Ort Litarba bei ihm Audienz. [6]) Leider erfahren wir
weder, was diese Abgeordneten vorbrachten, noch auch, welche
Aufnahme sie beim Kaiser gefunden haben.

Von Litarba reiste Julian nach Beröa, wo er sich mit
dem Rathe der Stadt in ein Religionsgespräch einliess. [7]) Von
allen Seiten spendete man seiner Rede Lob; aber nur sehr
Wenige, und zwar Solche, die auch vorher schon heidnisch
gewesen waren, stimmten seiner Aufforderung zum Göttercult
zu; die Uebrigen verharrten bei ihrer christlichen Gesinnung.

Einen freundlicheren Eindruck machte auf den Kaiser der
religiöse Zustand der nächsten Stadt, Batnae [8]); er fand diesen
Ort völlig im Dienste der Götter. Weihrauchdüfte durchzogen
die Luft, überall sah man Opfer bereitet. Wenn etwas die
Freude Julians über diesen Cultuseifer störte, so war es der
Umstand, dass den Opferhandlungen in Batnae die weihevolle
Ruhe fehlte, dass man an offener Landstrasse den Götterdienst
verrichtete. Doch hoffte Julian hierin leicht Wandel schaffen zu
können; ihm blieb der Gedanke fremd, der sich uns beim Lesen
seines Berichtes fast unwillkürlich aufdrängt, dass die Einwohner
von Batnae nur, um sich bei dem Kaiser den Ruhm der Loyalität
zu erwerben, und nicht etwa aus übergrossem religiösen Eifer,
unmittelbar unter Julians Augen, an der Strasse, die er passiren
musste, sich mit Opferthieren zu schaffen machten.

[4]) Lib. De ira Imper. R. I, p. 502.
[5]) Lib. ep. 722.
[6]) Jul. ep. 27 ad. Lib.
[7]) „ „ „
[8]) „ „ „

Wir sehen, dass der Kaiser trotz aller Kriegsgedanken, die ihn erfüllten, seine Aufmerksamkeit dennoch von den religiösen Zuständen des Reichs nicht abwandte. Die Bemerkung Gregors [9]), Julian habe den Perserkrieg für ein Kinderspiel gehalten im Vergleich mit dem Kampf gegen die Kirche, ist eine Uebertreibung, die doch nicht ohne alle Wahrheit ist. Ein sprechendes Beispiel dafür, wie lebhaft der Kaiser in den Tagen des Feldzugs sich mit seinen religiösen Gegnern beschäftigte, liegt uns in seiner Schrift gegen die Christen vor, welche damals entstanden ist. [10]) Hier eine genaue Darlegung des Gedankengangs dieser Schrift zu geben, ist weder passend noch überhaupt möglich, nicht passend, weil eine solche eingehende Besprechung aus dem Rahmen einer Geschichte der Reaction Julians nothwendig heraustreten würde, nicht möglich, weil sich leider noch immer Niemand der Arbeit unterzogen hat, die von Julians Gegner Cyrill gebrachten Fragmente unserer Schrift auf ihren Zusammenhang unter einander zu untersuchen, die fehlenden Mittelglieder, soweit möglich, zu ergänzen und eine Separatausgabe der Fragmente zu veranstalten. Aus beiden Gründen muss hier eine kurze Charakterisirung der hauptsächlichsten Argumente Julians gegen die Christen genügen.

Der kaiserliche Gelehrte will allen Menschen die Gründe darlegen, welche ihn zu dem Glauben veranlassen, dass die Galiläersecte ein Product von Menschen sei und sich auf Betrug zurückführen lasse. [11]) Er will zunächst den Ursprung der Gotteserkenntniss untersuchen, sodann die Unterschiede der hellenischen und hebräischen Gotteslehre darlegen, drittens endlich die Galiläer fragen, weshalb sie sich weder zur hellenischen noch zur hebräischen Religion hielten. [12]) — Die auf dies Programm folgenden Fragmente führen uns bald in dessen zweiten Theil und enthalten dort eine Auseinandersetzung mit der platonischen und der mosaischen Schöpfungslehre, wobei die Berichte der Genesis über die Schöpfung der Welt und des Menschen, wie über den Sündenfall harte Angriffe vom ratio-

---

[9]) Gregor Or. III, p. 80 A.
[10]) Lib. Epit. R. I, p. 581.
[11]) Jul. ap. Cyr. p. 39.
[12]) „ „ „ p. 42 – 43.

nalistischen Standpunkt aus erfahren. Sodann [13]) wendet sich
Julian gegen den jüdischen Particularismus; er findet denselben
bei Moses, den Propheten, Jesus und auch bei Paulus, welch
Letzterer alle jemals irgendwo aufgetretenen Zauberer und Be-
trüger übertroffen habe. Ueber den Particularismus des Paulus spricht der Kaiser seine Verwunderung aus; er meint,
jener ändere den Polypen an Felsen gleich die Dogmen über
Gott je nach der Lage der Umstände; er könne deshalb auch
an einer andern Stelle sagen: „Ist Gott nur der Juden Gott?
nicht auch der Heiden? Gewiss auch der Heiden!"[14]) Nachdem dann die mosaische Erzählung von der Sprachverwirrung
kritisirt ist, stellt der Polemiker die vom obersten Gott ein-
gesetzte Götterversammlung der Hellenen auf gleiche Stufe mit
dem Judengott.[15]) Den Dekalog erkennt er fast vollständig an,
nur das Gebot, keine andern Götter als Jahve zu haben, und
das Sabbatgebot lehnt er ab.[16]) Mit dem erstern Gebot hält
er übrigens auch die Anbetung Christi für unvereinbar.[17]) —
Julian fragt, um den Charakter des Judengottes zu kritisiren,
wie der Mensch sich zu verhalten habe, wenn er jenem Gott,
den ja auch die Christen anerkannten, nachfolgen wolle, wie
die Hellenen ihren Göttern nachfolgen sollten, und als Antwort
ergiebt sich, solch ein Mensch müsse Zorn, Grimm und wilde
Eifersucht an den Tag legen.[18]) — Darauf zieht Julian eine
Parallele zwischen den mythischen Königen der hellenischen
Vorzeit und Christo. Jene alten Herrscher haben von Zeus
Gesetze erhalten, sie den Menschen gegeben und so ihre Staa-
ten gegründet, Jesus wird erst dreihundert Jahre gefeiert und
hat nichts Nennenswerthes gethan, nur einige Blinde, Lahme
und Dämonische in den Dörfern Bethsaida und Bethanien geheilt [19]), die Christen aber haben die ewigen Götter verlassen
und sich einem todten Juden zugewandt.[20]) Sie sind über

---

[13]) Jul. ap. Cyr. p. 99—100.
[14]) „ „ „ p. 106.
[15]) „ „ „ p. 141.
[16]) „ „ „ p. 152.
[17]) „ „ „ p. 159.
[18]) „ „ „ p. 171.
[19]) „ „ „ p. 190—191.
[20]) „ „ „ p. 194.

die Tempel hergefallen und sogar über die Häretiker, welche den Todten nicht auf ganz gleiche Weise verehrten, ohne dass sie sich für solches Thun auf Jesus oder Paulus berufen könnten; denn diese begnügten sich damit, Sclavinnen und Sclaven zu bekehren, und dachten nicht an spätere Machtstellung ihrer Anhänger. [21]) Jesus gehörte zu den Unterthanen des Kaisers; trotz all' seiner Wunder konnte er seine Volksgenossen nicht bekehren, er, der doch Himmel und Erde erschaffen hat, wie die Christen behaupten; Letzteres hat freilich kein Schüler Jesu zu sagen gewagt ausser Johannes, und doch auch dieser nicht deutlich. [22]) — Diese gegen das Christenthum gerichteten Sätze sind nur eingeflochten in die Polemik gegen das alttestamentliche Volk, welches von der Kirche als ihr Vorläufer betrachtet wird, und der Kaiser wendet sich nun wieder seinen Angriffen auf den Hebraismus zu. Er findet weder grosse Kriegshelden in Israel, noch eine musterhafte Staatsverfassung oder hervorragende Bildung und lässt sodann den schon berührten Ausfall gegen die Ansprüche folgen, welche die Christen auf die hellenische Literatur machen. [23]) — An dieser Stelle der Fragmente haben wir die Grenze zwischen dem Vergleich des Hebraismus und Hellenismus mit einander und der Polemik gegen das Christenthum in seiner Isolirtheit von den beiden andern Religionen zu setzen. Julian stellt dem dritten Theile das Urtheil voran, dass die Christen ihre Lehre aus der Frechheit der Juden und dem Indifferentismus und der Gemeinheit der Heiden zusammengesetzt und so von beiden Religionen gerade die schlechtere Seite gewählt hätten. [24]) Sittlich verdorbene Menschen sind aber nicht nur die christlichen Zeitgenossen des Schreibenden, sondern ebenso sind schon die paulinischen Christen gewesen, wie aus demjenigen gefolgert wird, was Paulus an die Korinther schreibt. [25]) — Die Christen wollen die echten Israeliten sein, aber Moses hat unter dem Propheten, der nach ihm kommen soll, einen Menschen, keinen Gott verstanden, der geweissagte König Judas soll ein Sohn

---

[21]) Jul. ap. Cyr. p. 205 f.
[22]) „   „   „ p. 213.
[23]) „   „   „ p. 229—230. vergl. S. 64.
[24]) „   „   „ p. 238.
[25]) „   „   „ p. 245.

Davids sein, von Christo wird ja aber behauptet, dass er vom heiligen Geist stamme. Freilich hat man ihn durch Joseph mit Juda in Verbindung setzen wollen, aber auch dies ist nicht geschickt genug gemacht, da sich die Genealogieen des Matthäus und Lucas widersprechen. [26]) Aber selbst wenn man zugeben wollte, Jesus sei aus Davids Stamm und nicht „Gott aus Gott, durch den Alles gemacht ist, und ohne den Nichts gemacht ist," so geht doch die Weissagung im Buche Numeri vom Stern aus Jakob nicht auf Jesus, wie die Christen wollen, sondern auf den König David. Andererseits passt der Prolog des Johannesevangeliums durchaus nicht zu dem strengen Monotheismus des Moses. Auch die Weissagung von der Jungfrauengeburt bei Jesaja hat sich factisch in der Geburt Jesu nicht erfüllt, denn nicht war diejenige noch eine Jungfrau, die vordem dass sie gebar, mit ihrem Manne zusammenlebte. Die Anschauung einer Gottesgebärerin überdies ist den Propheten ganz fremd. [27]) Wenn der Logos göttlicher Substanz war, wie hat eine menschliche Jungfrau ihn dann gebären können? [28]) Aus der Vermischung von Göttern und Menschen entstehen auch nach der Anschauung der Genesis nicht Götter, sondern Giganten. [29]) Sonach stehen die Christen mit ihrer Lehre von der Person Jesu nicht auf dem Boden des Judenthums. [30]) Nach Gewinnung dieses Resultats erörtert der Kaiser die Frage, weshalb die Christen die mosaischen Speisegebote nicht beobachteten. Das erste Argument der Christen war in dieser Beziehung die Offenbarung, welche Petrus vor der Bekehrung des Cornelius gehabt haben soll. Julian bestreitet die Thatsächlichkeit dieser Offenbarung; er meint, wenn Gott dem Petrus gegenüber wirklich Alles für rein erklärt habe, wie habe dann derselbe Gott früher dem Moses gegenüber gewisse Thiere für unrein erklären können? [31]) Wenn ferner die Christen behaupten, Gott habe ihnen ein zweites Gesetz ge-

.

[26]) Jul. ap. Cyr. p. 253.
[27]) „ „ „ p. 261 f.
[28]) „ „ „ p. 276.
[29]) „ „ „ p. 290.
[30]) „ „ „ p. 305.
[31]) „ „ „ p. 314.

geben, und wenn Paulus erklärt, Christus sei das Ende des Gesetzes, so hat doch, betont Julian, Moses einst das Gesetz als unaufhebbar bezeichnet.[32]) — Auch sind die Christen nicht nur im Widerspruch mit dem Alten Testament, wie bisher gezeigt wurde, sondern sie sind sogar nicht einmal ihrer eignen ursprünglichen Lehre treu geblieben. So haben weder Paulus, noch Matthäus, noch Marcus, noch Lucas Christum Gott genannt; der Erste, der dies zu thun gewagt hat, ist Johannes gewesen.[33]) Einige Christen sind freilich der Ansicht, Johannes unterscheide zwischen dem Logos und Christus, doch hat er thatsächlich Beide identificirt (also auch Christum Gott genannt).[34]) — Ebenso ist die Verehrung der Märtyrergräber nicht nach dem Sinn Jesu, welcher die Pharisäer mit getünchten Gräbern verglichen und ausgerufen hat: „Lasset die Todten ihre Todten begraben!"[35]) Christus selbst hat das Gesetz nicht abgeschafft: er wollte Gesetz und Propheten nicht auflösen, sondern erfüllen und verbot, den kleinsten Buchstaben des Gesetzes aufzuheben.[36]) — Wenn die Christen behaupten, statt leiblicher Beschneidung hätten sie die Beschneidung des Herzens, so müsste daraus doch folgen, dass Niemand bei ihnen unredlich oder verbrecherisch sei.[37])

Schon aus dieser kurzen Skizzirung der Polemik Julians gegen die Christen wird man ersehen, dass dieselbe neben dem berühmten „Wahren Wort" des Celsus zu dem Bedeutendsten gehört, was antike Gelehrsamkeit gegen das Christenthum, wie sie es vor Augen hatte, an Einsprüchen erhoben hat. Wir stossen in Julians Schrift auf Anschauungen über die Verschiedenheit des Lehrbegriffs der einzelnen neutestamentlichen Schriftsteller, über den Unterschied des alttestamentlichen Messiasideals und des spätern Christusbildes der Kirche, über die principielle Abweichung des Christenthums vom Hebraismus der alttestamentlichen Zeit, über die Discrepanz der Lehre des Urchristenthums von der Theologie des nicänischen Zeit-

---

[32]) Jul. ap. Cyr. p. 319 f.
[33]) „ „ „ p. 327.
[34]) „ „ „ p. 333.
[35]) „ „ „ p. 345.
[36]) „ „ „ p. 351.
[37]) „ „ „ p. 354.

alters, mithin auf Anschauungen, die wir sonst als Entdeckungen der modernen kritischen Theologie zu betrachten gewohnt sind. Während Julians Werk in dem Jahrhundert, welches auf seine Abfassung folgte, vom Kirchenvater Cyrill zwar nicht widerlegt, aber doch verdammt worden ist, wird man dasselbe jetzt nach anderthalb Jahrtausenden als das Erzeugniss eines eminent kritischen Geistes, welches in vielen Punkten unwiderlegt ist und unwiderlegt bleiben wird, hochschätzen müssen.

16. Julians Tod und dessen Einfluss auf das Reactionswerk.

Julian wollte durch Abfassung seiner Schrift gegen die Christen eine Waffe für seine spätere Reactionsthätigkeit schmieden; thatsächlich war sie jedoch das letzte Lebenszeichen eines Sterbenden. Am 26. Juni 363 traf den Kaiser im Kampf gegen die Perser ein todbringendes Geschoss, und in der folgenden Nacht gab er seinen Geist auf. [1] Ammian, damals im Heere Julians, berichtet, am Tag nach dem Tode desselben hätten die Perser die ihnen gegenüberstehenden Römer als Verräther und Mörder des Kaisers geschmäht, denn es habe sich unter ihnen das unsichere Gerücht verbreitet, Julian sei durch einen römischen Speer getroffen worden. [2] Dies Gerücht durchflog bald auch das römische Reich; man nahm an, dass ein christlicher Soldat den götterfreundlichen Kaiser aus dem Wege geräumt habe. Libanius [3] sprach diese Ansicht in seiner Gedächtnissrede auf Julian offen aus, und niemals haben sich die Christen feierlich gegen solchen Vorwurf verwahrt. Gregor, Rufin und Sokrates stellen es als ungewiss hin, ob der Kaiser durch einen Perser oder durch einen seiner eignen Soldaten den Tod erlitten habe [4], Sozomenus hingegen nimmt von dem Verdacht des Libanius Act, sucht denselben als begründet hinzustellen und spricht seine Freude darüber aus, dass ein Christ jenem Verfolger der Kirche den Tod gebracht habe. [5] Es

---

[1] Amm. 25, 3, 1 ff.
[2] Amm. 25. 6, 6.
[3] Lib. Epit. R. I, p. 612 u. 614.
[4] Gregor Or. IV, p. 116 D. Ruf. 1, 36; Sokr. 3, 21.
[5] Soz. 6, 1.

muss unentschieden bleiben, ob ein Feind im fremden oder im eignen Heere den verderblichen Wurf gegen Julian vollführt hat; jedenfalls ist es auffällig, dass schon am nächsten Tage die Perser, anstatt den Ruhm der Tödtung Julians für sich zu beanspruchen, den Verdacht des Meuchelmordes ausgesprochen haben. [6])

Die Nachricht vom Tode Julians, verbunden mit derjenigen, dass das Heer ihm einen Christen, den Jovianus, zum Nachfolger gegeben habe, erregte bei den Christen im römischen Reiche begreiflicherweise einen ungeheuren Jubel. Die Antiochener, die noch soeben demüthig das Haupt gesenkt hatten, um Julians Gunst nicht einzubüssen, veranstalteten jetzt Feste, um seinen Tod zu feiern. Bezeichnend für ihren Charakter ist es, dass sie diese Dankfeste nicht nur in den Kirchen und bei den Märtyrergräbern, sondern auch im Theater abhielten. [7]) Die gesinnungstreuen Heiden hingegen geriethen in Verzweiflung [8]), während viele vorgebliche Anhänger der Götter es vorzogen, jetzt schleunigst ihre Religion zu ändern. So konnte es geschehen, dass, wenn die thatkräftigen Genossen Julians im Reactionswerk jetzt öffentlich, im Theater oder auf dem Forum, verhöhnt wurden, der höhnende Haufe zum Theil aus Solchen bestand, die vor wenigen Wochen noch auf Seiten der Götterfreunde gestritten hatten. [9]) An der Spitze der jetzigen Convertiten stand jener ehrenwerthe Sophist Hecebolius, der sich nun vor einer Kirche auf den Boden warf unter dem Rufe: „Zertretet mich wie dumm gewordenes Salz." [10]) Libanius klagte [11]), die, welche gegen die Götter redeten, erschienen dem Volke ehrwürdig, die Tempel seien theils beseitigt, theils dienten sie halb vollendet den Christen zum Gespött, auf Betheiligung an den früheren Verbrennungen von Kirchen sei eine

---

[6]) Die vielgeglaubte Anecdote, Julian sei unter Lästerungen Gottes und Christi gestorben, taucht unter den ältern christlichen Quellen nur bei Philostorgius (7, 25) auf. Die Worte: „Du hast gesiegt, Galiläer!" finden sich erst bei Theodoret (3, 25) dem Kaiser in den Mund gelegt, so dass von deren Historicität nicht die Rede sein kann.

[7]) Theod. 3, 27.

[8]) Gregor Or. IV, p. 125 A.

[9]) Gregor Or. IV, p. 131 D.

[10]) Sokr. 3, 13.

[11]) Lib. Epit. R. I, p. 619 f.

Strafe gesetzt, welche zwar von den Vermögenden bezahlt
werde, die Armen jedoch in's Gefängnis bringe; die Philosophen würden bedrückt, und ihre Schüler seien von ihnen
gewichen, die Mitglieder der Rathscollegien entzögen sich
wieder den Leistungen an den Staat und erstrebten ungerechte
Freiheiten. — Als der Kaiser Jovian vom Perserzug in das
Reich zurückkehrte, erging der Befehl, dass alle heidnischen
Tempel geschlossen würden, und 'dass die Opfer gänzlich
abzuschaffen seien. Viele hellenische Priester verbargen sich;
wer bisher den Philosophenmantel getragen hatte, vertauschte
denselben jetzt mit dem bürgerlichen Gewande. ¹²)

Bald waren die Folgen der julianischen Reaction beseitigt;
der Sturm, welcher sich gegen die Kirche unverhofft erhoben
hatte, und der mit dem Christenthum, wie Gregor richtig be-
merkt ¹³), den ganzen römischen Staat erschüttern musste, legte
sich so plötzlich, wie er begonnen hatte, aber das Andenken
an ihn erlosch nicht so bald. Libanius schrieb dem kaiserlichen Freunde jene ehrende Gedächtnissrede, der wir so vielen
Aufschluss über das Leben Julians verdanken. Diesem Ruhmes-
denkmal stellte Gregor seine beiden schmählichen Schand-
säulen entgegen, und die geschäftige Sage der kirchlichen
Kreise umrankte das Bild Julians immer dichter. Die ent-
setzlichsten Grausamkeiten wurden nun dem Kaiser zuge-
schrieben, Menschen sollte er geschlachtet haben, um in ihren
Eingeweiden die Zukunft zu lesen, ¹⁴) und nicht besser als er
wurden seine Anhänger hingestellt. ¹⁵) Erst der neuern Geschichtsforschung ist es vorbehalten geblieben, das Andenken
Julians von solchen Flecken zu befreien, in ihrem Eifer aber
ist sie häufig zu weit gegangen und in das entgegengesetzte
Extrem der Schönfärberei verfallen.

Julian hat einst von der grossen Göttermutter zu Pessinus
sich ein ruhmvolles Ende erfleht ¹⁶), — hat das Geschick ihm
diese Bitte erfüllt? Wir können diese Frage nicht bejahen,
denn ohne Erfolge ist der Kaiser aus dem Leben geschieden;

---

¹²) Sokr. 3, 22.
¹³) Greg. Or. III, p. 80 B.
¹⁴) Greg. Or. III, p. 91 B—C.
¹⁵) Sokr. 3, 13.
¹⁶) Jul. Or. V, p. 180 C.

aber wir können auch nicht unbedingt verneinend antworten.
Wäre Julian eine glückliche Heimkehr aus dem Kriege gegen
die äussern Feinde beschieden gewesen, so würden unabsehbare
Kämpfe gegen den Geist seines Zeitalters ihn vielleicht zum
blutdürstigen Tyrannen gemacht oder die bittersten Enttäuschungen ihn ohnmächtig und verzweifelnd zu Boden geschleudert haben. Nun hat man ihn früh, ehe er den Glauben
an den Sieg seiner Sache und die Scheu vor ungerechten
Mitteln zur Erreichung seines ersehnten Zieles verlor, in's
Grab gelegt, in der alten cilicischen Stadt Tarsus [17]), die er
zu seiner Residenz für den nächsten Winter ausersehen hatte.
Libanius hätte den gekrönten Philosophen lieber in den Hallen
der platonischen Akademie bestattet gesehen [18]), Ammian den
kraftvollen Imperator gern statt am lieblichen Cydnus am
Tiberstrom, der die ewige Stadt durchschneidet. [19]) — Wie
aber Julian nicht in Athen oder Rom, sondern in der Stadt
des Paulus begraben ward, so kennt ihn die Weltgeschichte
auch nicht als den Philosophen oder den Feldherrn, sondern
als den Bekämpfer der Kirche, welcher ihren Triumphzug
über das Grab des classischen Heidenthums dadurch zu
hemmen gedachte, dass er leblose Schatten zum Streit
gegen sie aus der Gruft heraufbeschwor. Mit der Bezeichnung des Apostaten geht Kaiser Julians Name durch die
Jahrhunderte, und wer mit vorurtheilsfreiem, gerechtem Blicke
die Gestalt des „Abtrünnigen" betrachtet, der wird ihn zwar
nicht in blindem Hass verdammen können, vielmehr sein Handeln häufig entschuldigen und sein Geschick beklagen müssen,
aber er wird ihn doch nie zu den bewunderswerthen Heroen
unseres Geschlechtes zählen wollen.

---

[17]) Amm. 25, 10, 5.
[18]) Lib. Epit. R. I, p. 625.
[19]) Amm. 25, 10, 5.

O. Pätz'sche Buchdruckerei (Otto Hauthal) in Naumburg a/S.